国学经典诵读丛书

孟子（精選）

于向英　主编

中国书籍出版社

图书在版编目（CIP）数据

国学经典诵读丛书 / 于向英主编． -- 北京 ： 中国书籍出版社， 2015.4
ISBN 978-7-5068-4831-2

Ⅰ．①国… Ⅱ．①于… Ⅲ．①国学—儿童读物 Ⅳ．①Z126-49

中国版本图书馆 CIP 数据核字（2015）第 061210 号

国学经典诵读丛书

于向英 主编

责任编辑 / 庞 元 钱 浩
责任印制 / 孙马飞 马 芝
封面设计 / 岳霄峰
出版发行 / 中国书籍出版社
地 址：北京市丰台区三路居路 97 号（邮编：100073）
电 话：(010)52257143（总编室） (010)52257140（发行部）
电子邮箱：chinabp@vip.sina.com
经 销 / 全国新华书店
印 刷 / 北京成业恒信印刷有限公司
开 本 / 787 毫米 ×1092 毫米 1/16
印 张 / 41
字 数 / 138 千字
版 次 / 2015 年 8 月第 1 版 2015 年 8 月第 1 次印刷
书 号 / ISBN 978-7-5068-4831-2
定 价 / 486.00 元（全四册）

序

從上世紀末至本世紀初所出現的『國學熱』，至今尚不足二十年，但國學的推廣、傳播和學習，却在中國大地上方興未艾。如今更已從學者的書齋中解放出來，康莊地走向企業、工廠、部隊，乃至中小學和幼兒園。人們在社會生活實踐中已充分認識到，國學或中國傳統文化對現代中國人的重要意義：無論是工人、農民，還是國家幹部；也無論是青年人、老年人，抑或幼兒園的孩子，可謂不分職業、男女、老幼，所有人都需要提高自己的文化素質、道德修養、精神境界和思想認識能力，否則就跟不上時代的迅猛發展，也不能完成中華民族偉大復興的宏圖大業。

現在，很多人都在思考如何擺脱由于功利主義、物質主義、拜金主義及工具理性膨脹所造成的精神焦慮和思想狂躁，中國要走出人類共同面對的道德危機和思想困境，似乎没有捷徑。因爲精神成長和靈魂净化，不是一朝一夕可以完成的，即古人所謂『冰凍三尺，非一日之寒』，故須『十年樹木，百年樹人』，祇有從每個人開始，甚至從娃娃抓起，并持之以恒，這種危機和困境方可在長久的文化熏陶和思想浸潤中得到救贖。如果沒有全民性，精神家園的修復也祇能是空談而已。

孔子曾感嘆地說：『德之不修，學之不講，聞義不能徙，不善不能改，是吾憂也。』不修養自己的品行德性，不講習學問，聽到符合正義的言論不能踐行，自己有缺點不能及時改正，這怎麼能不讓人感到憂慮呢？孟子也曾有這樣的感嘆，他說：『自暴者，不可與有言也；自棄者，不可與有爲也。言非禮義，謂之自暴也；吾身不能居仁由義，謂之自棄也。仁，人之安宅也；義，人之正路也。曠安宅而弗居，捨正路而不由，哀哉!』孟子認爲，對于那些在道德上自暴自弃的人，無法和他談論有意義的思想，也不能和他一起做出有價值的事業。什麼是『自暴』呢？一張口説話就違背禮義即是『自暴』，這叫自己殘害自己；自己不認爲能以仁居心、能由義而行，即是『自弃』，這就叫自己拋弃自己。仁是人類最安適的住宅，義是人類最正確的道路。把最安適的住宅空着不去住，把最正確的道路捨弃不去走，這不是人類最大的悲哀嗎？

一個人的學習或接受教育，乃是貫穿其一生的精神活動，其不可少亦不可間斷。《顔氏家訓》記有胎教之法：懷子三月，出居別宮，目不邪視，耳不妄聽，音聲滋味，以禮節之。生子孩提，師保固明孝仁禮義，導習之而使知正。當及嬰兒，識人顏色，知人喜怒，便加教誨。常見世間無教而有愛，飲食運爲，恣其所欲，宜誡反獎，應訶反笑，至有識知，謂法當爾。驕慢已習，方復制之，捶撻死而無威，忿怒日隆而增怨，逮于成長，終爲敗德。可見，從胎教到嬰兒出生，乃至成童，始終要有養成教育。可以說，這是最具基礎性的人性培養。因爲父母、家庭乃至社會，不僅應該是幼兒成長的摇籃，同時也是造就人性善惡的第一撮土壤。惻隱之心（同情心、憐憫心），乃至豺狼虎豹之性等等，幾乎都是在這最初的土壤中生根發芽的。

在古代教育中，幼兒之後，又有小學、大學之教。一般講，八歲入小學，十五歲入大學。名儒陳璇在其《小學句讀序》中說：『聖人之道，人倫而已，學之必自小學始。』大學之書，始自孔子，立言重教，有三綱領、八條目，程氏以爲入德之門。而小學自秦火後失傳，其教散見于傳記。至朱熹，輯《小學》一書，其宗旨亦在明人倫、持敬身之教。可見，從胎教到小學、大學之教，或從幼兒到少年、青年之學，正是一個人生命成長的關鍵時期，其學習活動一直貫穿始終，甚至一直到三十而立，乃至老之將至或耄耋之年，學習都是伴人一生而不可須臾離開的東西。它既是人生的清洗劑，可以不斷地洗去頭腦中的『塵埃』『污垢』；同時，它也是生命歷程中的一盞明燈，可以照亮前行的道路，點亮人生的智慧。故荀子曰：『學不可以已……君子博學而三省乎己，則知明而行無過矣。』

于向英女士是一位令人尊敬的幼兒園園長，在其二十年的幼教崗位上，一直關心國家的幼兒教育事業和孩子們的心智涵養及精神發展。多年來，她一直探索適合孩子們的國學讀本，并身體力行，在北大國學班學習國學經典、汲取其精華、體會其精神的基礎上，編纂了一套適合幼兒及其家長的『國學經典誦讀』叢書。其對經典的選擇，祇是一次初步嘗試，因中國傳統文化不僅内容繁多、體系龐大，源遠流長，而且字義古奥，意蕴深邃，需家長、教師與孩子們共學，方能有所收獲。故此套叢書其用在啓蒙、其義在涵養，期冀有助于兒童成長和國家興旺。以上無可稱序，絮言而已。

李中華 二〇一四年冬于北京大學

自序

誦讀經典開拓心胸之志趣義理之學培養中華之儀禮

《教子要言》云：家欲興，必由家規始；家欲敗，必由家規頹廢始。欲子弟成人，須從自己所作所爲，有法有則，能爲子弟作榜樣始。《弟子規》及國學經典，無疑就是這個規，就是這個法。對幼兒來說，無疑是最基礎、最營養的需要。

二○○六年，母親將一本《弟子規》遞到我手上，說：『讓你們的孩子讀讀《弟子規》吧！』近幾年，國内的幼兒園陸續爲幼兒開設了國學誦讀課。我作爲從業二十年並曾在北大哲學系學習國學的幼兒園園長，更深知國學經典誦讀對于幼兒教育的重要性，故一直在思考和探索國學誦讀的方法和途徑。

當我開始四處搜集比較適合孩子國學閱讀的版本時，發現市面上既適合孩子閱讀又能還原經典本質的圖書非常少：有的是大字版，但沒有注音；有的是大字注音版，但是却按照現代閱讀方式横排版的；有的是純粹按照古代竪排設計，但却沒有注音，字號也不够大，學起來不太方便。能不能還原國學經典本身樣式，設計出專爲幼兒國學教育之用的版本呢？

經過多次的版本比較、調研和徵求意見之後，我們盧溝橋街道第二幼兒園開發設計了這套特殊的國學經典版本。

首先是還原經典版本的原貌，采用繁體字竪排版，并且可以自由翻卷，握在手裏，從右向左翻看，讓閱讀者更直觀地感受、體味古人閱讀的姿態，有返古之感。

其次是滿足閱讀經典的現實需要，由于繁體字閱讀有一定難度，設計成大字版并且加上注音，減少了查詞環節，讓教學者和學習者的閱讀都輕鬆了不少。

也有人建議，此類圖書應該加上注釋，但我們考慮還是不加。一是爲保持圖書的原貌，二是注解各有不同，與注解者的年齡、角色和當時心境有很大關係。三是兒童還沒有理解能力。『書讀百遍，其義自現。』兒童本是樂于念誦樂于反復的，尤其是團體的朗誦，抑揚頓挫、琅琅書聲，與唱兒歌無异，學習是愉快的。而反復多次，即能背誦，會背誦時，更是『樂之不疲』。若常加復習，以至于終生不忘，將成爲一生的文化資産。

讀誦經典，還可有『潛能開發』之功效：既可以提升兒童的專注力，可以提升兒童的記憶力。而專注力與記憶力，可以說是一切學習的基礎。

雖然這套書初衷是爲兒童設計，但後來我們發現，它同樣適用于成年人。七十年代至九十年代出生的成年人，在幼兒園、校園鮮有機會系統學習國學經典，衹能靠後期學習，所以對他們來說，這個版本也是非常合適的。

儘管我們在版本開發和國學誦讀方面開展了一些實踐探索，取得了一些成績，但由于現實社會的功利和浮躁，未來的路還很長，我們也希望與更多的國學誦讀推動者一起，爲經典傳播、滋養身心做出不懈的努力。

這套書的出版感謝樓宇烈老先生的指點，感謝中國新聞出版研究院林曉芳女士的大力支持，感謝廣州萬木書院千荷女士的建議，及中國書籍出版社編輯的督促，在此一并表示感謝。

是爲序。

于向英 字若彧 癸巳年仲秋

目録

孟子（精選）（mèng zǐ jīng xuǎn）

孟子
mèng zǐ

《精選》
jīng xuǎn

孟子序說

mèng zǐ xù shuō

《史記·列傳》曰：『孟軻，騶人也，受業子思之門人。道既通，遊事齊宣王，宣王不能用。適梁，梁惠王不果所言，則見以爲迂遠而闊于事情。當是之時，秦用商鞅，楚、魏用吴起，齊用孫子、田忌。天下方務于合從連衡，以攻伐爲賢。而孟軻乃述唐、虞、三代之德，是以所如者不合。退而與萬章之徒序詩、書，述仲尼之意，作孟子七篇。』

韓子曰：『堯以是傳之舜，舜以是傳之禹，禹以是傳之湯，湯以是傳之文、武、周公，文、武、周公傳之孔子，孔子傳之孟軻，軻之死不得其傳焉。荀與揚也，擇焉而不精，語焉而不詳。』

又曰：『孟氏醇乎醇者也。荀與揚，大醇而小疵。』

又曰：『孔子之道大而能博，門弟子不能徧觀而盡識也，故學焉而皆得其性之所近。其後離散，分處諸侯之國，又各以其所能授弟子，源遠而末益分。惟孟軻師子思，而子思之學出于曾子。自孔子没，獨孟軻氏之傳得其宗。故求觀聖人之道者，必自孟子始。』

又曰：『揚子雲曰：「古者楊、墨塞路，孟子辭而辟之，廓如也。」夫楊、墨行，正道廢。孟子雖賢聖，不得位。空言無施，雖切何補？然賴其言，而今之學者尚知宗孔氏，崇仁義，貴王賤霸而已。其大經大法，皆亡滅而不救，壞爛而不收。所謂存十一于千百，安在其能廓如也？然向無孟氏，則皆服左衽而言侏離矣。故愈嘗推尊孟氏，以爲功不在禹下者，爲此也。』

或問于程子曰：『孟子還可謂聖人否？』程子曰：『未敢便道他是聖人，然學已到至處。』

程子又曰：『孟子有功于聖門，不可勝言。仲尼祇說一個仁字，孟子開口便説仁義。仲尼祇説一個志，孟子便説許多養氣出來。祇此二字，其功甚多。』

又曰：『孟子有大功于世，以其言性善也。』

又曰：『孟子性善、養氣之論，皆前聖所未發。』

又曰：『學者全要識時。若不識時，不足以言學。顔子陋巷自樂，以有孔子在焉。若孟子之時，世既無人，安可不以道自任。』

又曰：『孟子有些英氣。才有英氣，便有圭角，英氣甚害事。如顔子便渾厚不同，顔子去聖人祇豪髪間。孟子大賢，亞聖之次也。』或曰：『英氣見于甚處？』曰：『但以孔子之言比之，便可見。且如冰與水精非不光。比之玉，自是有温潤含蓄氣象，無許多光耀也。』

楊氏曰：『孟子一書，祇是要正人心，教人存心養性，收其放心。至論仁、義、禮、智，則以惻隱、善惡、辭讓、是非之心爲之端。論邪説之害，則曰「生于其心，害于其政」。論事君，則曰「格君心之非」，「一正君而國定」。千變萬化，祇説從心上來。人能正心，則事無足爲者矣。大學之修身、齊家、治國、平天下，其本祇是正心、誠意而已。心得其正，然後知性之善。故孟子遇人便道性善。歐陽永叔却言「聖人之教人，性非所先」，可謂誤矣。人性上不可添一物，堯舜所以爲萬世法，亦是率性而已。所謂率性，循天理是也。外邊用計用數，假饒立得功業，祇是人欲之私。與聖賢作處，天地懸隔。」

卷一　梁惠王章句上
juàn yī　liáng huì wáng zhāng jù shàng

孟子見梁惠王。王曰：『叟！不遠
mèng zǐ jiàn liáng huì wáng　wáng yuē　sǒu　bù yuǎn

千里而來，亦將有以利吾國乎？』
qiān lǐ ér lái　yì jiāng yǒu yǐ lì wú guó hū

孟子對曰：『王何必曰利？亦有仁
mèng zǐ duì yuē　wáng hé bì yuē lì　yì yǒu rén

義而已矣。
yì ér yǐ yǐ

王曰：『何以利吾國？』大夫曰：『何
wáng yuē　hé yǐ lì wú guó　dà fū yuē　hé

以利吾家？』士庶人曰：『何以利吾
yǐ lì wú jiā　shì shù rén yuē　hé yǐ lì wú

身？』上下交征利，而國危矣。萬乘之
shēn　shàng xià jiāo zhēng lì　ér guó wēi yǐ　wàn shèng zhī

國，弒其君者，必千乘之家；千乘之
guó　shì qí jūn zhě　bì qiān shèng zhī jiā　qiān shèng zhī

國，弒其君者，必百乘之家。萬取千
guó shì qí jūn zhě bì bǎi shèng zhī jiā wàn qǔ qiān

焉，千取百焉，不為不多矣；苟為後
yān qiān qǔ bǎi yān bù wéi bù duō yǐ gǒu wéi hòu

義而先利，不奪不饜。
yì ér xiān lì bù duó bú yàn

『未有仁而遺其親者也；未有
wèi yǒu rén ér yí qí qīn zhě yě wèi yǒu

義而後其君者也。王亦曰仁義而已
yì ér hòu qí jūn zhě yě wáng yì yuē rén yì ér yǐ

矣，何必曰利？』
yǐ hé bì yuē lì

孟子見梁惠王，王立於沼上，顧
mèng zǐ jiàn liáng huì wáng wáng lì yú zhǎo shàng gù

鴻雁麋鹿，曰：『賢者亦樂此乎？』
hóng yàn mí lù yuē xián zhě yì lè cǐ hū

孟子對曰：『賢者而後樂此；不
mèng zǐ duì yuē xián zhě ér hòu lè cǐ bù

賢者雖有此，不樂也。《詩》云：「經始靈臺，經之營之。庶民攻之，不日成之。經始勿亟，庶民子來。王在靈囿，麀鹿攸伏。麀鹿濯濯，白鳥鶴鶴。王在靈沼，於牣魚躍。」文王以民力爲臺、爲沼，而民歡樂之，謂其臺曰靈臺，謂其沼曰靈沼，樂其有麋鹿魚鱉；古之人與民偕樂，故能樂也。《湯誓》曰：「時日害喪，予及女偕亡！」民欲與之偕亡，雖有臺池鳥獸，豈能獨樂哉？』

梁惠王曰：『寡人之於國也，盡心焉耳矣！河內凶，則移其民於河東，移其粟於河內；河東凶，亦然。察鄰國之政，無如寡人之用心者，鄰國之民不加少，寡人之民不加多，何也？』

孟子對曰：『王好戰，請以戰喻。

填然鼓之，兵刃既接，弃甲曳兵而
走，或百步而後止，或五十步而後
止。以五十步笑百步，則何如？』
曰：『不可，直不百步耳！是亦走
也！』
曰：『王如知此，則無望民之多於
鄰國也。』
不違農時，穀不可勝食也；數罟
不入洿池，魚鱉不可勝食也；斧斤

以時入山林，材木不可勝用也。穀
yǐ shí rù shān lín， cái mù bù kě shēng yòng yě。 gǔ

與魚鱉不可勝食，材木不可勝用，
yǔ yú biē bù kě shēng shí， cái mù bù kě shēng yòng，

是使民養生喪死無憾也。養生喪死
shì shǐ mín yǎng shēng sàng sǐ wú hàn yě。 yǎng shēng sàng sǐ

無憾，王道之始也。
wú hàn， wáng dào zhī shǐ yě。

五畝之宅，樹之以桑，五十者可
wǔ mǔ zhī zhái， shù zhī yǐ sāng， wǔ shí zhě kě

以衣帛矣；雞豚狗彘之畜，無失其
yǐ yì bó yǐ； jī tún gǒu zhì zhī chù， wú shī qí

時，七十者可以食肉矣。百畝之田，勿
shí， qī shí zhě kě yǐ shí ròu yǐ。 bǎi mǔ zhī tián， wù

奪其時，數口之家，可以無飢矣。謹庠
duó qí shí， shù kǒu zhī jiā， kě yǐ wú jī yǐ。 jǐn xiáng

序之教，申之以孝悌之義，頒白者不
xù zhī jiào， shēn zhī yǐ xiào tì zhī yì， bān bái zhě bù

負戴於道路矣。七十者衣帛食肉，黎民不飢不寒，然而不王者，未之有也。『狗彘食人食而不知檢，塗有餓莩而不知發。人死，則曰：「非我也，歲也。」是何異於刺人而殺之，曰：「非我也，兵也。」王無罪歲，斯天下之民至焉。』

梁惠王曰：『寡人願安承教。』

孟子對曰：『殺人以梃與刃，有以

异乎？』
yì hū

曰：『無以异也。』
yuē wú yǐ yì yě

『以刃與政，有以异乎？』
yǐ rèn yǔ zhèng yǒu yǐ yì hū

曰：『無以异也。』
yuē wú yǐ yì yě

曰：『庖有肥肉，廄有肥馬；民
yuē páo yǒu féi ròu jiù yǒu féi mǎ mín

有飢色，野有餓莩；此率獸而食人
yǒu jī sè yě yǒu è piǎo cǐ shuài shòu ér sì rén

也！獸相食，且人惡之；爲民父母，
yě shòu xiāng shí qiě rén wù zhī wéi mín fù mǔ

行政不免於率獸而食人，惡在其爲
xíng zhèng bù miǎn yú shuài shòu ér shí rén wū zài qí wéi

民父母也？仲尼曰：「始作俑者，其無
mín fù mǔ yě zhòng ní yuē shǐ zuò yǒng zhě qí wú

後乎！」爲其象人而用之也。如之何
hòu hū wèi qí xiàng rén ér yòng zhī yě rú zhī hé

其使斯民飢而死也？」
qí shǐ sī mín jī ér sǐ yě

梁惠王曰：「晉國，天下莫强焉，叟
liáng huì wáng yuē jìn guó tiān xià mò qiáng yān sǒu

之所知也。及寡人之身，東敗於齊，長
zhī suǒ zhī yě jí guǎ rén zhī shēn dōng bài yú qí zhǎng

子死焉；西喪地於秦七百里；南辱
zǐ sǐ yān xī sàng dì yú qín qī bǎi lǐ nán rǔ

於楚。寡人恥之，願比死者壹灑之，
yú chǔ guǎ rén chǐ zhī yuàn bǐ sǐ zhě yī xǐ zhī

如之何則可？」
rú zhī hé zé kě

孟子對曰：「地方百里，而可以
mèng zǐ duì yuē dì fāng bǎi lǐ ér kě yǐ

王。王如施仁政於民，省刑罰，薄稅
wàng wáng rú shī rén zhèng yú mín shěng xíng fá bó shuì

斂；深耕易耨；壯者以暇日修其孝
liǎn shēn gēng yì nòu zhuàng zhě yǐ xiá rì xiū qí xiào

悌忠信，入以事其父兄，出以事其長
tì zhōng xìn rù yǐ shì qí fù xiōng chū yǐ shì qí zhǎng

上；可使制梃以撻秦、楚之堅甲利
shàng kě shǐ zhì tǐng yǐ tà qín chǔ zhī jiān jiǎ lì

兵矣。彼奪其民時，使不得耕耨，以養
bīng yǐ bǐ duó qí mín shí shǐ bù dé gēng nòu yǐ yǎng

其父母，父母凍餓，兄弟妻子離散。
qí fù mǔ fù mǔ dòng è xiōng di qī zǐ lí sàn

彼陷溺其民，王往而征之，夫誰與王
bǐ xiàn nì qí mín wáng wǎng ér zhēng zhī fú shuí yǔ wáng

敵？故曰「仁者無敵。」王請勿疑。』
dí gù yuē rén zhě wú dí wáng qǐng wù yí

孟子見梁襄王。出，語人曰：『望
mèng zǐ jiàn liáng xiāng wáng chū yù rén yuē wàng

之不似人君，就之而不見所畏焉。
zhī bú sì rén jūn jiù zhī ér bú jiàn suǒ wèi yān

卒然問曰：「天下惡乎定？」吾對曰：
cù rán wèn yuē tiān xià wū hū dìng wú duì yuē

「定於一。」「孰能一之？」對曰：「不
dìng yú yī shú néng yī zhī duì yuē bù

嗜殺人者能一之。」「孰能與之？」對
shì shā rén zhě néng yī zhī shú néng yǔ zhī duì

曰：「天下莫不與也。王知夫苗乎？
yuē tiān xià mò bú yǔ yě wáng zhī fú miáo hū

七八月之間旱，則苗槁矣。天油然作
qī bā yuè zhī jiān hàn zé miáo gǎo yǐ tiān yóu rán zuò

雲，沛然下雨，則苗浡然興之矣。其
yún pèi rán xià yǔ zé miáo bó rán xīng zhī yǐ qí

如是，孰能御之？今夫天下之人牧，
rú shì shú néng yù zhī jīn fú tiān xià zhī rén mù

未有不嗜殺人者也；如有不嗜殺人
wèi yǒu bú shì shā rén zhě yě rú yǒu bú shì shā rén

者，則天下之民，皆引領而望之矣。
zhě zé tiān xià zhī mín jiē yǐn lǐng ér wàng zhī yǐ

誠如是也，民歸之，由水之就下，沛
chéng rú shì yě, mín guī zhī, yóu shuǐ zhī jiù xià, pèi

然誰能御之？」」
rán shuí néng yù zhī?

齊宣王問曰：「齊桓、晉文之事，可
qí xuān wáng wèn yuē: qí huán、jìn wén zhī shì, kě

得聞乎？」
dé wén hū?

孟子對曰：「仲尼之徒，無道桓、文
mèng zǐ duì yuē: zhòng ní zhī tú, wú dào huán、wén

之事者，是以後世無傳焉，臣未之聞
zhī shì zhě, shì yǐ hòu shì wú chuán yān, chén wèi zhī wén

也。無以，則王乎？」
yě. wú yǐ, zé wàng hū?

曰：「德何如，則可以王矣？」
yuē: dé hé rú, zé kě yǐ wàng yǐ?

曰：「保民而王，莫之能御也。」
yuē: bǎo mín ér wàng, mò zhī néng yù yě.

曰：『若寡人者，可以保民乎哉？』
yuē ruò guǎ rén zhě kě yǐ bǎo mín hū zāi

曰：『可。』
yuē kě

曰：『何由知吾可也？』
yuē hé yóu zhī wú kě yě

曰：『臣聞之胡齕曰：「王坐於堂
yuē chén wén zhī hú hé yuē wáng zuò yú táng

上，有牽牛而過堂下者，王見之，曰：
shàng yǒu qiān niú ér guò táng xià zhě wáng jiàn zhī yuē

「牛何之？」對曰：「將以釁鐘。」王曰：
niú hé zhī duì yuē jiāng yǐ xìn zhōng wáng yuē

「舍之！吾不忍其觳觫，若無罪而就
shě zhī wú bù rěn qí hú sù ruò wú zuì ér jiù

死地。」對曰：「然則廢釁鐘與？」曰：「何
sǐ dì duì yuē rán zé fèi xìn zhōng yú yuē hé

可廢也？以羊易之！」不識有諸？』
kě fèi yě yǐ yáng yì zhī bù zhī yǒu zhū

曰：「有之。」
yuē yǒu zhī

曰：「是心足以王矣。百姓皆以王
yuē shì xīn zú yǐ wàng yǐ bǎi xìng jiē yǐ wáng

爲愛也，臣固知王之不忍也。」
wèi ài yě chén gù zhī wáng zhī bù rěn yě

王曰：「然！誠有百姓者。齊國雖
wáng yuē rán chéng yǒu bǎi xìng zhě qí guó suī

褊小，吾何愛一牛？即不忍其觳觫，
biǎn xiǎo wú hé ài yì niú jí bù rěn qí hú sù

若無罪而就死地，故以羊易之也。」
ruò wú zuì ér jiù sǐ dì gù yǐ yáng yì zhī yě

曰：「王無異於百姓之以王爲愛
yuē wáng wú yì yú bǎi xìng zhī yǐ wáng wèi ài

也。以小易大，彼惡知之？王若隱其
yě yǐ xiǎo yì dà bǐ wū zhī zhī wáng ruò yǐn qí

無罪而就死地，則牛羊何擇焉？」
wú zuì ér jiù sǐ dì zé niú yáng hé zé yān

王笑曰：『是誠何心哉？我非愛
其財，而易之以羊也。宜乎百姓之謂
我愛也！』
曰：『無傷也，是乃仁術也，見牛
未見羊也。君子之於禽獸也，見其生
不忍見其死，聞其聲不忍食其肉。是
以君子遠庖廚也。』
王說，曰：『《詩》云：「他人有心，予
忖度之。」夫子之謂也。夫我乃行之，

反而求之，不得吾心；夫子言之，于
fǎn ér qiú zhī bù dé wú xīn fū zǐ yán zhī yú

我心有戚戚焉。此心之所以合于王
wǒ xīn yǒu qī qī yān cǐ xīn zhī suǒ yǐ hé yú wàng

者，何也？』
zhě hé yě

曰：『有復於王者曰：「吾力足以舉
yuē yǒu fù yú wáng zhě yuē wú lì zú yǐ jǔ

百鈞，而不足以舉一羽；明足以察
bǎi jūn ér bù zú yǐ jǔ yì yǔ míng zú yǐ chá

秋毫之末，而不見輿薪。」則王許之
qiū háo zhī mò ér bù jiàn yú xīn zé wáng xǔ zhī

乎？』
hū

曰：『否！』
yuē fǒu

『今恩足以及禽獸，而功不至於
jīn ēn zú yǐ jí qín shòu ér gōng bù zhì yú

百姓者，獨何與？然則一羽之不舉，
bǎi xìng zhě, dú hé yú? rán zé yì yǔ zhī bù jǔ,

爲不用力焉；輿薪之不見，爲不用
wéi bú yòng lì yān; yú xīn zhī bú jiàn, wéi bú yòng

明焉；百姓之不見保，爲不用恩焉。
míng yān; bǎi xìng zhī bú jiàn bǎo, wéi bú yòng ēn yān.

故王之不王，不爲也，非不能也。』
gù wáng zhī bù wàng, bù wéi yě, fēi bù néng yě.

曰：『不爲者與不能者之形，何以
yuē: bú wéi zhě yǔ bù néng zhě zhī xíng, hé yǐ

異？』
yì?

曰：『挾太山以超北海，語人曰「我
yuē: xié tài shān yǐ chāo běi hǎi, yù rén yuē wǒ

不能，」是誠不能也；爲長者折枝，語
bù néng, shì chéng bù néng yě; wèi zhǎng zhě zhé zhī, yù

人曰：「我不能。」是不爲也，非不能
rén yuē: wǒ bù néng. shì bú wéi yě, fēi bù néng

也。故王之不王，非挾太山以超北海
yě gù wáng zhī bù wàng fēi xié tài shān yǐ chāo běi hǎi

之類也；王之不王，是折枝之類也。
zhī lèi yě wáng zhī bù wàng shì zhé zhī zhī lèi yě

老吾老，以及人之老；幼吾幼，以及
lǎo wú lǎo yǐ jí rén zhī lǎo yòu wú yòu yǐ jí

人之幼，天下可運于掌。《詩》云：「刑
rén zhī yòu tiān xià kě yùn yú zhǎng shī yún xíng

于寡妻，至于兄弟，以御于家邦。」言
yú guǎ qī zhì yú xiōng dì yǐ yù yú jiā bāng yán

舉斯心加諸彼而已。故推恩，足以保
jǔ sī xīn jiā zhū bǐ ér yǐ gù tuī ēn zú yǐ bǎo

四海；不推恩，無以保妻子。古之人
sì hǎi bù tuī ēn wú yǐ bǎo qī zǐ gǔ zhī rén

所以大過人者，無他焉，善推其所爲
suǒ yǐ dà guò rén zhě wú tā yān shàn tuī qí suǒ wéi

而已矣。今恩足以及禽獸，而功不至
ér yǐ yǐ jīn ēn zú yǐ jí qín shòu ér gōng bù zhì

于百姓者，獨何與？

yú bǎi xìng zhě， dú hé yú？

權，然後知輕重；度，然後知長

quán， rán hòu zhī qīng zhòng； duó， rán hòu zhī cháng

短。物皆然，心爲甚。王請度之！」

duǎn。 wù jiē rán， xīn wéi shèn。 wáng qǐng duó zhī！」

「抑王興甲兵，危士臣，構怨於

「 yì wáng xīng jiǎ bīng， wēi shì chén， gòu yuàn yú

諸侯，然後快於心與？」

zhū hóu， rán hòu kuài yú xīn yǔ？」

王曰：「否，吾何快於是？將以求

wáng yuē：「 fǒu， wú hé kuài yú shì？ jiāng yǐ qiú

吾所大欲也。」

wú suǒ dà yù yě。」

曰：「王之所大欲，可得聞與？」

yuē：「 wáng zhī suǒ dà yù， kě dé wén yú？」

王笑而不言。

wáng xiào ér bù yán。

曰：「爲肥甘不足於口與？輕暖
yuē wèi féi gān bù zú yú kǒu yú qīng nuǎn

不足於體與？抑爲采色不足視於目
bù zú yú tǐ yǔ yì wèi cǎi sè bù zú shì yú mù

與？聲音不足聽於耳與？便嬖不足
yú shēng yīn bù zú tīng yú ěr yú pián bì bù zú

使令於前與？王之諸臣，皆足以供
shǐ lìng yú qián yú wáng zhī zhū chén jiē zú yǐ gōng

之；而王豈爲是哉？」
zhī ér wáng qǐ wèi shì zāi

曰：「否，吾不爲是也！」
yuē fǒu wú bù wèi shì yě

曰：「然則王之所大欲可知已。欲
yuē rán zé wáng zhī suǒ dà yù kě zhī yǐ yù

辟土地，朝秦、楚，莅中國而撫四夷
pì tǔ dì cháo qín chǔ lì zhōng guó ér fǔ sì yí

也。以若所爲，求若所欲，猶緣木而
yě yǐ ruò suǒ wéi qiú ruò suǒ yù yóu yuán mù ér

求魚也。』
qiú yú yě

王曰：『若是其甚與？』
wáng yuē ruò shì qí shèn yú

曰：『殆有甚焉！緣木求魚，雖不
yuē dài yǒu shèn yān yuán mù qiú yú suī bù

得魚，無後災；以若所爲，求若所
dé yú wú hòu zāi yǐ ruò suǒ wéi qiú ruò suǒ

欲，盡心力而爲之，後必有災。』
yù jìn xīn lì ér wéi zhī hòu bì yǒu zāi

曰：『可得聞與？』
yuē kě dé wén yú

曰：『鄒人與楚人戰，則王以爲孰
yuē zōu rén yǔ chǔ rén zhàn zé wáng yǐ wéi shú

勝？』
shèng

曰：『楚人勝。』
yuē chǔ rén shèng

曰：『然則小固不可以敵大，寡固
yuē rán zé xiǎo gù bù kě yǐ dí dà guǎ gù

不可以敵眾，弱固不可以敵強。海內
bù kě yǐ dí zhòng ruò gù bù kě yǐ dí qiáng hǎi nèi

之地，方千里者九，齊集有其一；以
zhī dì fāng qiān lǐ zhě jiǔ qí jí yǒu qí yī yǐ

一服八，何以異於鄒敵楚哉？蓋亦
yī fú bā hé yǐ yì yú zōu dí chǔ zāi gài yì

反其本矣。
fǎn qí běn yǐ

今王發政施仁，使天下仕者皆
jīn wáng fā zhèng shī rén shǐ tiān xià shì zhě jiē

欲立於王之朝，耕者皆欲耕於王之
yù lì yú wáng zhī cháo gēng zhě jiē yù gēng yú wáng zhī

野，商賈皆欲藏於王之市，行旅皆欲
yě shāng gǔ jiē yù cáng yú wáng zhī shì xíng lǚ jiē yù

出於王之塗；天下之欲疾其君者皆
chū yú wáng zhī tú tiān xià zhī yù jí qí jūn zhě jiē

欲赴愬於王，其若是，孰能禦之？』
yù fù sù yú wáng, qí ruò shì, shú néng yù zhī?

王曰：『吾惛，不能進于是矣。願
wáng yuē: wú hūn, bù néng jìn yú shì yǐ. yuàn

夫子輔吾志，明以教我。我雖不敏，請
fū zǐ fǔ wú zhì, míng yǐ jiào wǒ. wǒ suī bù mǐn, qǐng

嘗試之。』
cháng shì zhī.

曰：『無恒產而有恒心者，惟士爲
yuē: wú héng chǎn ér yǒu héng xīn zhě, wéi shì wéi

能。若民，則無恒產，因無恒心。苟無
néng. ruò mín, zé wú héng chǎn, yīn wú héng xīn. gǒu wú

恒心，放辟邪侈，無不爲已。及陷于
héng xīn, fàng pì xié chǐ, wú bù wéi yǐ. jí xiàn yú

罪，然後從而刑之，是罔民也。焉有
zuì, rán hòu cóng ér xíng zhī, shì wǎng mín yě. yān yǒu

仁人在位，罔民而可爲也？是故明
rén rén zài wèi, wǎng mín ér kě wéi yě? shì gù míng

君(jūn)制(zhì)民(mín)之(zhī)產(chǎn)，必(bì)使(shǐ)仰(yǎng)足(zú)以(yǐ)事(shì)父(fù)母(mǔ)，俯(fǔ)

足(zú)以(yǐ)畜(xù)妻(qī)子(zǐ)，樂(lè)歲(suì)終(zhōng)身(shēn)飽(bǎo)，凶(xiōng)年(nián)免(miǎn)于(yú)

死(sǐ)亡(wáng)。然(rán)後(hòu)驅(qū)而(ér)之(zhī)善(shàn)，故(gù)民(mín)之(zhī)從(cóng)之(zhī)

也(yě)輕(qīng)。今(jīn)也(yě)制(zhì)民(mín)之(zhī)產(chǎn)，仰(yǎng)不(bù)足(zú)以(yǐ)事(shì)父(fù)

母(mǔ)，俯(fǔ)不(bù)足(zú)以(yǐ)畜(xù)妻(qī)子(zǐ)；樂(lè)歲(suì)終(zhōng)身(shēn)苦(kǔ)，

凶(xiōng)年(nián)不(bù)免(miǎn)于(yú)死(sǐ)亡(wáng)。此(cǐ)惟(wéi)救(jiù)死(sǐ)而(ér)恐(kǒng)不(bù)

贍(shàn)，奚(xī)暇(xiá)治(zhì)禮(lǐ)義(yì)哉(zāi)？王(wáng)欲(yù)行(xíng)之(zhī)，則(zé)盍(hé)

反(fǎn)其(qí)本(běn)矣(yǐ)。五(wǔ)畝(mǔ)之(zhī)宅(zhái)，樹(shù)之(zhī)以(yǐ)桑(sāng)，五(wǔ)十(shí)

者(zhě)可(kě)以(yǐ)衣(yì)帛(bó)矣(yǐ)；雞(jī)豚(tún)狗(gǒu)彘(zhì)之(zhī)畜(chù)，無(wú)

失其時，七十者可以食肉矣。百畝之田，勿奪其時，八口之家可以無飢矣；謹庠序之教，申之以孝悌之義，頒白者不負戴于道路矣。老者衣帛食肉，黎民不飢不寒，然而不王者，未之有也。』

shī qí shí, qī shí zhě kě yǐ shí ròu yǐ. bǎi mǔ zhī tián, wù duó qí shí, bā kǒu zhī jiā kě yǐ wú jī yǐ; jǐn xiáng xù zhī jiào, shēn zhī yǐ xiào tì zhī yì, bān bái zhě bú fù dài yú dào lù yǐ. lǎo zhě yì bó shí ròu, lí mín bù jī bù hán, rán ér bù wàng zhě, wèi zhī yǒu yě.

卷二 梁惠王章句下
juàn èr liáng huì wáng zhāng jù xià

莊暴見孟子，曰：「暴見於王，王語暴以好樂，暴未有以對也。」曰：「好樂，何如？」

zhuāng bào jiàn mèng zǐ, yuē: bào jiàn yú wáng, wáng yù bào yǐ hào yuè, bào wèi yǒu yǐ duì yě. yuē: hào yuè, hé rú?

孟子曰：「王之好樂甚，則齊國其庶幾乎？」

mèng zǐ yuē: wáng zhī hào yuè shèn, zé qí guó qí shù jī hū?

他日，見於王，曰：「王嘗語莊子以好樂，有諸？」

tā rì, jiàn yú wáng, yuē: wáng cháng yù zhuāng zǐ yǐ hào yuè, yǒu zhū?

王變乎色，曰：「寡人非能好先王

wáng biàn hū sè, yuē: guǎ rén fēi néng hào xiān wáng

之樂也，直好世俗之樂耳。」
zhī yuè yě， zhí hào shì sú zhī yuè ěr。

曰：「王之好樂甚，則齊其庶幾
yuē： wáng zhī hào yuè shèn， zé qí qí shù jī

乎！今之樂，由古之樂也。」
hū！ jīn zhī yuè， yóu gǔ zhī yuè yě。

曰：「可得聞與？」
yuē： kě dé wén yú？

曰：「獨樂樂，與人樂樂，孰樂？」
yuē： dú yuè lè， yǔ rén yuè lè， shú lè？

曰：「不若與人。」
yuē： bú ruò yǔ rén。

曰：「與少樂樂，與衆樂樂，孰樂？」
yuē： yǔ shǎo yuè lè， yǔ zhòng yuè lè， shú lè？

曰：「不若與衆。」
yuē： bú ruò yǔ zhòng。

「臣請爲王言樂。
chén qǐng wèi wáng yán yuè。

今王鼓樂於此，百姓聞王鐘鼓
jīn wáng gǔ yuè yú cǐ, bǎi xìng wén wáng zhōng gǔ

之聲、管籥之音，舉疾首蹙頞而相告
zhī shēng、guǎn yuè zhī yīn, jǔ jí shǒu cù è ér xiāng gào

曰：「吾王之好鼓樂，夫何使我至於
yuē:「wú wáng zhī hào gǔ yuè, fú hé shǐ wǒ zhì yú

此極也？父子不相見，兄弟妻子離
cǐ jí yě? fù zǐ bù xiāng jiàn, xiōng dì qī zǐ lí

散。」今王田獵於此，百姓聞王車馬
sàn。」jīn wáng tián liè yú cǐ, bǎi xìng wén wáng chē mǎ

之音，見羽旄之美，舉疾首蹙頞而
zhī yīn, jiàn yǔ máo zhī měi, jǔ jí shǒu cù è ér

相告曰：「吾王之好田獵，夫何使我
xiāng gào yuē:「wú wáng zhī hào tián liè, fú hé shǐ wǒ

至於此極也？父子不相見，兄弟妻
zhì yú cǐ jí yě? fù zǐ bù xiāng jiàn, xiōng dì qī

子離散。」此無他，不與民同樂也。今
zǐ lí sàn。」cǐ wú tā, bù yǔ mín tóng lè yě。jīn

王鼓樂於此，百姓聞王鐘鼓之聲、
wáng gǔ yuè yú cǐ, bǎi xìng wén wáng zhōng gǔ zhī shēng,

管籥之音，舉欣欣然有喜色而相告
guǎn yuè zhī yīn, jǔ xīn xīn rán yǒu xǐ sè ér xiāng gào

曰：「吾王庶幾無疾病與？何以能鼓
yuē: "wú wáng shù jī wú jí bìng yú? hé yǐ néng gǔ

樂也？」今王田獵於此，百姓聞王車
yuè yě?" jīn wáng tián liè yú cǐ, bǎi xìng wén wáng chē

馬之音，見羽旄之美，舉欣欣然有喜
mǎ zhī yīn, jiàn yǔ máo zhī měi, jǔ xīn xīn rán yǒu xǐ

色而相告曰：「吾王庶幾無疾病與！
sè ér xiāng gào yuē: "wú wáng shù jī wú jí bìng yú!

何以能田獵也？」此無他，與民同樂
hé yǐ néng tián liè yě?" cǐ wú tā, yǔ mín tóng lè

也。今王與百姓同樂，則王矣。』
yě. jīn wáng yǔ bǎi xìng tóng lè, zé wàng yǐ.'

齊宣王問曰：『文王之囿方七十
qí xuān wáng wèn yuē: 'wén wáng zhī yòu fāng qī shí

里，有諸？』
lǐ yǒu zhū

孟子對曰：『于傳有之。』
mèng zǐ duì yuē yú zhuàn yǒu zhī

曰：『若是其大乎？』
yuē ruò shì qí dà hū

曰：『民猶以爲小也。』
yuē mín yóu yǐ wéi xiǎo yě

曰：『寡人之囿方四十里，民猶以
yuē guǎ rén zhī yòu fāng sì shí lǐ mín yóu yǐ

爲大，何也？』
wéi dà hé yě

曰：『文王之囿方七十里，芻蕘者
yuē wén wáng zhī yòu fāng qī shí lǐ chú ráo zhě

往焉，雉兔者往焉，與民同之。民以
wǎng yān zhì tù zhě wǎng yān yǔ mín tóng zhī mín yǐ

爲小，不亦宜乎？臣始至于境，問國
wéi xiǎo bù yì yí hū chén shǐ zhì yú jìng wèn guó

之大禁，然後敢入。臣聞郊關之內有囿方四十里，殺其麋鹿者如殺人之罪，則是方四十里爲阱于國中，民以爲大，不亦宜乎？』

齊宣王問曰：『交鄰國有道乎？』

孟子對曰：『有。惟仁者爲能以大事小，是故湯事葛、文王事昆夷。惟智者爲能以小事大，故大王事獯鬻，勾踐事吳。以大事小者，樂天者也。以小

事大者，畏天者也。樂天者保天下，畏
shì dà zhě，wèi tiān zhě yě。lè tiān zhě bǎo tiān xià，wèi

天者保其國。《詩》云：「畏天之威，于
tiān zhě bǎo qí guó。《shī》yún：「wèi tiān zhī wēi，yú

時保之。」』
shí bǎo zhī。」』

王曰：『大哉言矣！寡人有疾，寡
wáng yuē：『dà zāi yán yǐ！guǎ rén yǒu jí，guǎ

人好勇。』
rén hǎo yǒng。』

對曰：『王請無好小勇。夫撫劍疾
duì yuē：『wáng qǐng wú hào xiǎo yǒng。fú fǔ jiàn jí

視，曰：「彼惡敢當我哉！」此匹夫之
shì，yuē：「bǐ wū gǎn dāng wǒ zāi！」cǐ pǐ fū zhī

勇，敵一人者也。王請大之。《詩》云：
yǒng，dí yī rén zhě yě。wáng qǐng dà zhī。《shī》yún：

「王赫斯怒，爰整其旅，以遏徂莒，以
「wáng hè sī nù，yuán zhěng qí lǚ，yǐ è cú jǔ，yǐ

篤周祜，以對于天下。」此文王之勇也。文王一怒而安天下之民。《書》曰：「天降下民，作之君，作之師。惟曰其助上帝，寵之。四方有罪無罪，惟我在，天下曷敢有越厥志？」一人衡行于天下，武王耻之。此武王之勇也。而武王亦一怒而安天下之民。今王亦一怒而安天下之民，民惟恐王之不好勇也。」

齊宣王見孟子於雪宮。王曰：「賢
qí xuān wáng jiàn mèng zǐ yú xuě gōng wáng yuē xián

者亦有此樂乎？」
zhě yì yǒu cǐ lè hū

孟子對曰：「有。人不得，則非其上
mèng zǐ duì yuē yǒu rén bù dé zé fēi qí shàng

矣。不得而非其上者，非也。為民上
yǐ bù dé ér fēi qí shàng zhě fēi yě wéi mín shàng

而不與民同樂者，亦非也。樂民之樂
ér bù yǔ mín tóng lè zhě yì fēi yě lè mín zhī lè

者，民亦樂其樂；憂民之憂者，民亦
zhě mín yì lè qí lè yōu mín zhī yōu zhě mín yì

憂其憂。樂以天下，憂以天下，然而
yōu qí yōu lè yǐ tiān xià yōu yǐ tiān xià rán ér

不王者，未之有也。」
bù wàng zhě wèi zhī yǒu yě

「昔者，齊景公問於晏子曰：「吾
xī zhě qí jǐng gōng wèn yú yàn zǐ yuē wú

欲觀于轉附、朝儛，遵海而南，放于琅邪，吾何修而可以比于先王觀也？」

晏子對曰：「善哉問也！天子適諸侯曰巡狩，巡狩者巡所守也。諸侯朝于天子曰述職，述職者述所職也。無非事者。春省耕而補不足，秋省斂而助不給。夏諺曰：吾王不游，吾何以休？吾王不豫，吾何以助？一游一豫，爲諸侯度。今也不然，師行而糧食，飢者弗食，勞者弗息；睊睊胥讒，民乃作慝。方命虐民，飲食若流，流連荒亡，爲諸侯憂。從流下而忘反謂之流，從流上而忘反謂之連，從獸無厭謂之荒，樂酒無厭謂之亡。先王無流連之樂，荒亡之行。惟君所行也。」

景公説，大戒於國，出舍于郊。于是始興發補不足。召大師曰：「爲我作君臣相説之樂。」蓋《徵招》、《角

招》是也。其《詩》曰：「畜君何尤！」畜
sháo shì yě qí shī yuē chù jūn hé yóu chù

君者，好君也。」
jūn zhě hào jūn yě

齊宣王問曰：「人皆謂我毀明堂。
qí xuān wáng wèn yuē rén jiē wèi wǒ huǐ míng táng

毀諸？已乎？」
huǐ zhū yǐ hū

孟子對曰：「夫明堂者，王者之堂
mèng zǐ duì yuē fú míng táng zhě wáng zhě zhī táng

也。王欲行王政，則勿毀之矣。」
yě wáng yù xíng wáng zhèng zé wù huǐ zhī yǐ

王曰：「王政可得聞與？」
wáng yuē wáng zhèng kě dé wén yú

對曰：「昔者文王之治岐也，耕者
duì yuē xī zhě wén wáng zhī zhì qí yě gēng zhě

九一，仕者世祿，關市譏而不徵，澤梁
jiǔ yī shì zhě shì lù guān shì jī ér bù zhēng zé liáng

無禁，罪人不孥。老而無妻曰鰥，老
wú jìn, zuì rén bù nú. lǎo ér wú qī yuē guān, lǎo

而無夫曰寡，老而無子曰獨，幼而無
ér wú fū yuē guǎ, lǎo ér wú zǐ yuē dú, yòu ér wú

父曰孤。此四者，天下之窮民而無告
fù yuē gū. cǐ sì zhě, tiān xià zhī qióng mín ér wú gào

者。文王發政施仁，必先斯四者。
zhě. wén wáng fā zhèng shī rén, bì xiān sī sì zhě.

《詩》云：「哿矣富人，哀此煢獨。」
shī yún: gě yǐ fù rén, āi cǐ qióng dú.

王曰：「善哉言乎！」
wáng yuē: shàn zāi yán hū!

曰：「王如善之，則何爲不行？」
yuē: wáng rú shàn zhī, zé hé wéi bù xíng?

王曰：「寡人有疾，寡人好貨。」
wáng yuē: guǎ rén yǒu jí, guǎ rén hǎo huò.

對曰：「昔者公劉好貨。《詩》云：
duì yuē: xī zhě gōng liú hào huò. shī yún:

「乃積乃倉，乃裹餱糧，于橐于囊。思戢用光。弓矢斯張，干戈戚揚，爰方啓行。」故居者有積倉，行者有裹囊也，然後可以「爰方啓行」。王如好貨，與百姓同之，於王何有？』

王曰：『寡人有疾，寡人好色。』

對曰：『昔者太王好色，愛厥妃。《詩》云：「古公亶父，來朝走馬，率西水滸，至于岐下，爰及姜女，聿來胥

宇。」當是時也，內無怨女，外無曠
夫。王如好色，與百姓同之，于王何
有？」
滕文公問曰：「滕，小國也，間于
齊楚。事齊乎？事楚乎？」
孟子對曰：「是謀非吾所能及
也。無已，則有一焉：鑿斯池也，築斯
城也，與民守之，效死而民弗去，則
是可爲也。」

滕文公問曰：「齊人將築薛，吾甚
téng wén gōng wèn yuē qí rén jiāng zhù xuē wú shèn

恐，如之何則可？」
kǒng rú zhī hé zé kě

孟子對曰：「昔者大王居邠，狄人
mèng zǐ duì yuē xī zhě tài wáng jū bīn dí rén

侵之，去之岐山之下居焉。非擇而取
qīn zhī qù zhī qí shān zhī xià jū yān fēi zé ér qǔ

之，不得已也。苟爲善，後世子孫必有
zhī bù dé yǐ yě gǒu wèi shàn hòu shì zǐ sūn bì yǒu

王者矣。君子創業垂統，爲可繼也；
wáng zhě yǐ jūn zǐ chuàng yè chuí tǒng wèi kě jì yě

若夫成功，則天也。君如彼何哉？強
ruò fú chéng gōng zé tiān yě jūn rú bǐ hé zāi qiáng

爲善而已矣。」
wéi shàn ér yǐ yǐ

滕文公問曰：「滕，小國也，竭力以
téng wén gōng wèn yuē téng xiǎo guó yě jié lì yǐ

事大國，則不得免焉。如之何則可？』

孟子對曰：『昔者大王居邠，狄人侵之。事之以皮幣，不得免焉。事之以犬馬，不得免焉；事之以珠玉，不得免焉。乃屬其耆老而告之曰：「狄人之所欲者，吾土地也。吾聞之也：君子不以其所以養人者害人。二三子何患乎無君？我將去之。」去邠，逾梁山，邑于岐山之下居焉。邠人曰：「仁人也，不可失也。」從之者如歸市。
rén yě, bù kě shī yě. cóng zhī zhě rú guī shì.

或曰：「世守也，非身之所能爲也，效
huò yuē: shì shǒu yě, fēi shēn zhī suǒ néng wéi yě, xiào

死勿去。」君請擇于斯二者。』
sǐ wù qù. jūn qǐng zé yú sī èr zhě.

魯平公將出，嬖人臧倉者請
lǔ píng gōng jiāng chū, bì rén zāng cāng zhě qǐng

曰：「他日君出，則必命有司所之。今
yuē: tā rì jūn chū, zé bì mìng yǒu sī suǒ zhī. jīn

乘輿已駕矣，有司未知所之，敢請。」
chéng yú yǐ jià yǐ, yǒu sī wèi zhī suǒ zhī, gǎn qǐng.

公曰：「將見孟子。」
gōng yuē: jiāng jiàn mèng zǐ.

曰：「何哉，君所爲輕身以先于匹
yuē: hé zāi, jūn suǒ wéi qīng shēn yǐ xiān yú pǐ

夫者？以爲賢乎？禮義由賢者出，而
fū zhě? yǐ wéi xián hū? lǐ yì yóu xián zhě chū, ér

孟(mèng)子(zǐ)之(zhī)後(hòu)喪(sāng)逾(yú)前(qián)喪(sāng)。君(jūn)無(wú)見(jiàn)焉(yān)。』

公(gōng)曰(yuē)：『諾(nuò)。』

樂(yuè)正(zhèng)子(zǐ)入(rù)見(jiàn)，曰(yuē)：『君(jūn)奚(xī)爲(wèi)不(bù)見(jiàn)孟(mèng)軻(kē)也(yě)？』

曰(yuē)：『或(huò)告(gào)寡(guǎ)人(rén)曰(yuē)：「孟(mèng)子(zǐ)之(zhī)後(hòu)喪(sāng)逾(yú)前(qián)喪(sāng)。」是(shì)以(yǐ)不(bù)往(wǎng)見(jiàn)也(yě)。』

曰(yuē)：『何(hé)哉(zāi)，君(jūn)所(suǒ)謂(wèi)逾(yú)者(zhě)？前(qián)以(yǐ)士(shì)，後(hòu)以(yǐ)大(dà)夫(fū)；前(qián)以(yǐ)三(sān)鼎(dǐng)，而(ér)後(hòu)以(yǐ)五(wǔ)鼎(dǐng)與(yú)？』

曰：『否，謂棺槨衣衾之美也。』
曰：『非所謂逾也，貧富不同也。』
樂正子見孟子曰：『克告於君，君爲來見也；嬖人有臧倉者沮君，君是以不果來也。』
曰：『行或使之，止或尼之。行、止，非人所能也。吾之不遇魯侯，天也。臧氏之子，焉能使予不遇哉？』

卷三 公孫丑章句上
juàn sān gōng sūn chǒu zhāng jù shàng

公孫丑問曰：『夫子當路于齊，管
gōng sūn chǒu wèn yuē fū zǐ dāng lù yú qí guǎn

仲、晏子之功，可復許乎？』
zhòng yàn zǐ zhī gōng kě fù xǔ hū

孟子曰：『子誠齊人也，知管仲、
mèng zǐ yuē zǐ chéng qí rén yě zhī guǎn zhòng

晏子而已矣！或問乎曾西曰：「吾子
yàn zǐ ér yǐ yǐ huò wèn hū zēng xī yuē wú zǐ

與子路孰賢？」曾西蹴然曰：「吾先子
yǔ zǐ lù shú xián céng xī cù rán yuē wú xiān zǐ

之所畏也。」曰：「然則吾子與管仲孰
zhī suǒ wèi yě yuē rán zé wú zǐ yǔ guǎn zhòng shú

賢？」曾西艴然不悅，曰：「爾何曾比予
xián céng xī fú rán bú yuè yuē ěr hé zēng bǐ yú

于管仲！管仲得君，如彼其專也，行
yú guǎn zhòng guǎn zhòng dé jūn rú bǐ qí zhuān yě xíng

乎國政，如彼其久也，功烈如彼其卑
hū guó zhèng, rú bǐ qí jiǔ yě, gōng liè rú bǐ qí bēi

也，爾何曾比予於是！」曰：「管仲，曾
yě, ěr hé zēng bǐ yú yú shì! 」yuē: 「guǎn zhòng, zēng

西之所不爲也，而子爲我願之乎？』
xī zhī suǒ bù wéi yě, ér zǐ wéi wǒ yuàn zhī hū? 』

曰：『管仲以其君霸，晏子以其君
yuē: 『guǎn zhòng yǐ qí jūn bà, yàn zǐ yǐ qí jūn

顯；管仲、晏子，猶不足爲與？』
xiǎn; guǎn zhòng、yàn zǐ, yóu bù zú wéi yǔ? 』

曰：『以齊王，由反手也。』
yuē: 『yǐ qí wáng, yóu fǎn shǒu yě. 』

曰：『若是，則弟子之惑滋甚。且
yuē: 『ruò shì, zé dì zǐ zhī huò zī shèn. qiě

以文王之德，百年而後崩，猶未洽於
yǐ wén wáng zhī dé, bǎi nián ér hòu bēng, yóu wèi qià yú

天下；武王、周公繼之，然後大行。今
tiān xià; wǔ wáng、zhōu gōng jì zhī, rán hòu dà xíng. jīn

言王若易然，則文王不足法與？』曰：『文王何可當也！由湯至于武丁，賢聖之君六七作，天下歸殷久矣，久則難變也。武丁朝諸侯，有天下，猶運之掌也。紂之去武丁未久也，其故家遺俗，流風善政，猶有存者；又有微子、微仲、王子比干、箕子、膠鬲，皆賢人也，相與輔相之；故久而後失之也。尺地莫非其有也，

yán wáng ruò yì rán, zé wén wáng bù zú fǎ yú? yuē: wén wáng hé kě dāng yě! yóu tāng zhì yú wǔ dīng, xián shèng zhī jūn liù qī zuò, tiān xià guī yīn jiǔ yǐ, jiǔ zé nán biàn yě. wǔ dīng cháo zhū hóu, yǒu tiān xià, yóu yùn zhī zhǎng yě. zhòu zhī qù wǔ dīng wèi jiǔ yě, qí gù jiā yí sú, liú fēng shàn zhèng, yóu yǒu cún zhě; yòu yǒu wēi zǐ, wēi zhòng, wáng zǐ bǐ gān, jī zǐ, jiāo lì, jiē xián rén yě, xiāng yǔ fǔ xiāng zhī; gù jiǔ ér hòu shī zhī yě. chǐ dì mò fēi qí yǒu yě,

一民莫非其臣也，然而文王猶方百
yì mín mò fēi qí chén yě, rán ér wén wáng yóu fāng bǎi

里起，是以難也。齊人有言曰：「雖有
lǐ qǐ, shì yǐ nán yě. qí rén yǒu yán yuē: suī yǒu

智慧，不如乘勢；雖有鎡基，不如待
zhì huì, bù rú chéng shì; suī yǒu zī jī, bù rú dài

時。」今時則易然也。夏后、殷、周之
shí. jīn shí zé yì rán yě. xià hòu, yīn, zhōu zhī

盛，地未有過千里者也，而齊有其地
shèng, dì wèi yǒu guò qiān lǐ zhě yě, ér qí yǒu qí dì

矣；鷄鳴狗吠相聞，而達乎四境，而
yǐ; jī míng gǒu fèi xiāng wén, ér dá hū sì jìng, ér

齊有其民矣；地不改辟矣，民不改
qí yǒu qí mín yǐ; dì bù gǎi pì yǐ, mín bù gǎi

聚矣，行仁政而王，莫之能御也。且
jù yǐ, xíng rén zhèng ér wàng, mò zhī néng yù yě. qiě

王者之不作，未有疏于此時者也；
wáng zhě zhī bú zuò, wèi yǒu shū yú cǐ shí zhě yě;

民之憔悴於虐政，未有甚于此時者
mín zhī qiáo cuì yú nüè zhèng， wèi yǒu shèn yú cǐ shí zhě

也。飢者易爲食，渴者易爲飲。孔子
yě。 jī zhě yì wéi shí， kě zhě yì wéi yǐn。 kǒng zǐ

曰：「德之流行，速于置郵而傳命。」
yuē：「dé zhī liú xíng， sù yú zhì yóu ér chuán mìng。」

當今之時，萬乘之國行仁政，民之悅
dāng jīn zhī shí， wàn shèng zhī guó xíng rén zhèng， mín zhī yuè

之，猶解倒懸也。故事半古之人，功
zhī， yóu jiě dào xuán yě。 gù shì bàn gǔ zhī rén， gōng

必倍之，惟此時爲然。』
bì bèi zhī， wéi cǐ shí wéi rán。』

公孫丑曰：『夫子加齊之卿相，
gōng sūn chǒu yuē：『fū zǐ jiā qí zhī qīng xiàng，

得行道焉，雖由此霸王，不异矣。如
de háng dào yān， suī yóu cǐ bà wáng， bú yì yǐ。 rú

此，則動心否乎？』
cǐ， zé dòng xīn fǒu hū？』

孟子曰：『否。我四十不動心。』
mèng zǐ yuē fǒu wǒ sì shí bù dòng xīn

曰：『若是，則夫子過孟賁遠矣！』
yuē ruò shì zé fū zǐ guò mèng bēn yuǎn yǐ

曰：『是不難。告子先我不動心。』
yuē shì bù nán gào zǐ xiān wǒ bù dòng xīn

曰：『不動心，有道乎？』
yuē bù dòng xīn yǒu dào hū

曰：『有。北宮黝之養勇也，不膚
yuē yǒu běi gōng yǒu zhī yǎng yǒng yě bù fū

橈，不目逃。思以一豪挫于人，若撻之
náo bù mù táo sī yǐ yī háo cuò yú rén ruò tà zhī

于市朝。不受于褐寬博，亦不受于萬
yú shì cháo bú shòu yú hè kuān bó yì bú shòu yú wàn

乘之君。視刺萬乘之君，若刺褐夫。
shèng zhī jūn shì cì wàn shèng zhī jūn ruò cì hè fū

無嚴諸侯。惡聲至，必反之。孟施舍
wú yán zhū hóu è shēng zhì bì fǎn zhī mèng shī shè

之所養勇也，曰：「視不勝猶勝也。
zhī suǒ yǎng yǒng yě, yuē: shì bú shèng yóu shèng yě.

量敵而後進，慮勝而後會，是畏三
liàng dí ér hòu jìn, lǜ shèng ér hòu huì, shì wèi sān

軍者也。舍豈能爲必勝哉？能無懼
jūn zhě yě. shè qǐ néng wéi bì shèng zāi? néng wú jù

而已矣。」孟施舍似曾子，北宮黝似
ér yǐ yǐ. mèng shī shè sì zēng zǐ, běi gōng yǒu sì

子夏。夫二子之勇，未知其孰賢；然
zǐ xià. fú èr zǐ zhī yǒng, wèi zhī qí shú xián; rán

而孟施舍守約也。昔者曾子謂子襄
ér mèng shī shè shǒu yuē yě. xī zhě zēng zǐ wèi zǐ xiāng

曰：「子好勇乎？吾嘗聞大勇於夫子
yuē: zǐ hào yǒng hū? wú cháng wén dà yǒng yú fū zǐ

矣：自反而不縮，雖褐寬博，吾不惴
yǐ: zì fǎn ér bù suō, suī hè kuān bó, wú bú zhuì

焉；自反而縮，雖千萬人，吾往矣。」
yān; zì fǎn ér suō, suī qiān wàn rén, wú wǎng yǐ.

孟施舍之守氣，又不如曾子之守約
也。』
曰：『敢問夫子之不動心，與告子
之不動心，可得聞與？』
『告子曰：「不得於言，勿求於
心。不得於心，勿求於氣。」不得於
心，勿求於氣，可。不得於言，勿求於
心，不可。夫志，氣之帥也；氣，體之
充也。夫志至焉，氣次焉。故曰：「持

其志，無暴其氣。」』
qí zhì wú bào qí qì

『既曰「志至焉；氣次焉」，又曰
jì yuē zhì zhì yān qì cì yān yòu yuē

「持其志，無暴其氣」者，何也？』
chí qí zhì wú bào qí qì zhě hé yě

曰：『志壹則動氣，氣壹則動志
yuē zhì yī zé dòng qì qì yī zé dòng zhì

也。今夫蹶者趨者，是氣也，而反動
yě jīn fú jué zhě qū zhě shì qì yě ér fǎn dòng

其心。』
qí xīn

『敢問夫子惡乎長？』
gǎn wèn fū zǐ wū hū cháng

曰：『我知言，我善養吾浩然之
yuē wǒ zhī yán wǒ shàn yǎng wú hào rán zhī

氣。』
qì

『敢問何謂浩然之氣？』
gǎn wèn hé wèi hào rán zhī qì

曰：『難言也。其爲氣也，至大至
yuē nán yán yě qí wéi qì yě zhì dà zhì

剛，以直養而無害，則塞于天地之
gāng yǐ zhí yǎng ér wú hài zé sè yú tiān dì zhī

間。其爲氣也，配義與道；無是，餒
jiān qí wéi qì yě pèi yì yǔ dào wú shì něi

也。是集義所生者，非義襲而取之
yě shì jí yì suǒ shēng zhě fēi yì xí ér qǔ zhī

也；行有不慊于心，則餒矣。我故曰
yě xíng yǒu bú qiè yú xīn zé něi yǐ wǒ gù yuē

告子未嘗知義，以其外之也。必有事
gào zǐ wèi cháng zhī yì yǐ qí wài zhī yě bì yǒu shì

焉而勿正，心勿忘，勿助長也。無若
yān ér wù zhèng xīn wù wàng wù zhù zhǎng yě wú ruò

宋人然：宋人有閔其苗之不長而
sòng rén rán sòng rén yǒu mǐn qí miáo zhī bù zhǎng ér

揠之者，芒芒然歸，謂其人曰：「今日病矣，予助苗長矣。」其子趨而往視之，苗則槁矣。天下之不助苗長者寡矣。以爲無益而舍之者，不耘苗者也。助之長者，揠苗者也；非徒無益，而又害之。」

yà zhī zhě， máng máng rán guī， wèi qí rén yuē：「jīn rì bìng yǐ， yǔ zhù miáo zhǎng yǐ。」qí zǐ qū ér wǎng shì zhī， miáo zé gǎo yǐ。tiān xià zhī bù zhù miáo zhǎng zhě guǎ yǐ。yǐ wéi wú yì ér shě zhī zhě， bù yún miáo zhě yě。zhù zhī zhǎng zhě， yà miáo zhě yě； fēi tú wú yì， ér yòu hài zhī。」

「何謂知言？」

「hé wèi zhī yán？」

曰：「詖辭知其所蔽，淫辭知其所陷，邪辭知其所離，遁辭知其所窮。生

yuē：「bì cí zhī qí suǒ bì， yín cí zhī qí suǒ xiàn， xié cí zhī qí suǒ lí， dùn cí zhī qí suǒ qióng。shēng

于其心，害于其政；發于其政，害于其事。聖人復起，必從吾言矣。宰我、子貢善爲説辭，冉牛、閔子、顔淵善言德行。孔子兼之，曰：「我于辭命，則不能也。」然則夫子既聖矣乎？』

曰：『惡！是何言也！昔者子貢問於孔子，曰：「夫子聖矣乎？」孔子曰：「聖則吾不能，我學不厭而教不倦也。」子貢曰：「學不厭，智也；教不倦，仁

也。仁且智，夫子既聖矣。」夫聖，孔
yě rén qiě zhì fū zǐ jì shèng yǐ fú shèng kǒng

子不居。是何言也？』
zǐ bù jū shì hé yán yě

『昔者竊聞之：子夏、子游、子
xī zhě qiè wén zhī zǐ xià zǐ yóu zǐ

張，皆有聖人之一體；冉牛、閔子、顏
zhāng jiē yǒu shèng rén zhī yì tǐ rǎn niú mǐn zǐ yán

淵，則具體而微。敢問所安？』
yuān zé jù tǐ ér wēi gǎn wèn suǒ ān

曰：『姑捨是。』
yuē gū shě shì

曰：『伯夷、伊尹何如？』
yuē bó yí yī yǐn hé rú

曰：『不同道。非其君不事，非其
yuē bù tóng dào fēi qí jūn bù shì fēi qí

民不使；治則進，亂則退，伯夷也。
mín bù shǐ zhì zé jìn luàn zé tuì bó yí yě

何事非君？何使非民；治亦進，亂亦
hé shì fēi jūn ? hé shǐ fēi mín ; zhì yì jìn , luàn yì

進，伊尹也。可以仕則仕，可以止則
jìn , yī yǐn yě 。 kě yǐ shì zé shì , kě yǐ zhǐ zé

止，可以久則久，可以速則速，孔子
zhǐ , kě yǐ jiǔ zé jiǔ , kě yǐ sù zé sù , kǒng zǐ

也。皆古聖人也，吾未能有行焉，乃
yě 。 jiē gǔ shèng rén yě , wú wèi néng yǒu xíng yān , nǎi

所願，則學孔子也。』
suǒ yuàn , zé xué kǒng zǐ yě 。

『伯夷、伊尹于孔子，若是班
bó yí 、 yī yǐn yú kǒng zǐ , ruò shì bān

乎？』
hū ?

曰：『否。自有生民以來，未有孔
yuē : fǒu 。 zì yǒu shēng mín yǐ lái , wèi yǒu kǒng

子也！』
zǐ yě !

曰：『然則有同與？』

曰：『有。得百里之地而君之，皆能以朝諸侯，有天下。行一不義、殺一不辜而得天下，皆不爲也。是則同。』

曰：『敢問其所以異？』

曰：『宰我、子貢、有若，智足以知聖人；污，不至阿其所好。』宰我曰：「以予觀于夫子，賢于堯、舜遠矣。」子貢曰：「見其禮而知其政，聞其樂而知其德，由百世之後，等百世之王，莫之能違也。自生民以來，未有夫子也。」有若曰：「豈惟民哉！麒麟之于走獸，鳳凰之于飛鳥，泰山之于丘垤，河海之于行潦，類也。聖人之于民，亦類也。出于其類，拔乎其萃，自生民以來，未有盛于孔子也！」』

孟子曰：『以力假仁者霸，霸必有大國。以德行仁者王，王不待大，湯

以七十里，文王以百里。以力服人

yǐ qī shí lǐ, wén wáng yǐ bǎi lǐ. yǐ lì fú rén

者，非心服也，力不贍也。以德服人

zhě, fēi xīn fú yě, lì bú shàn yě. yǐ dé fú rén

者，中心悅而誠服也，如七十子之服

zhě, zhōng xīn yuè ér chéng fú yě, rú qī shí zǐ zhī fú

孔子也。《詩》云：「自西自東，自南自

kǒng zǐ yě. 《shī》 yún: 「zì xī zì dōng, zì nán zì

北，無思不服。」此之謂也。』

běi, wú sī bù fú.」 cǐ zhī wèi yě.』

孟子曰：『仁則榮，不仁則辱。今惡

mèng zǐ yuē: 『rén zé róng, bù rén zé rǔ. jīn wù

辱而居不仁，是猶惡濕而居下也。如

rǔ ér jū bù rén, shì yóu wù shī ér jū xià yě. rú

惡之，莫如貴德而尊士。賢者在位，

wù zhī, mò rú guì dé ér zūn shì. xián zhě zài wèi,

能者在職，國家閒暇，及是時明其

néng zhě zài zhí, guó jiā xián xiá, jí shì shí míng qí

政刑，雖大國必畏之矣。《詩》云：「迨天之未陰雨，徹彼桑土，綢繆牖戶；今此下民，或敢侮予？」孔子曰：「為此詩者，其知道乎！能治其國家，誰敢侮之！」今國家閑暇，及是時般樂怠敖，是自求禍也。禍福無不自己求之者。《詩》云：「永言配命，自求多福。」《太甲》曰：「天作孽，猶可違。自作孽，不可活。」此之謂也。』

孟子曰：『尊賢使能，俊傑在位，則
mèng zǐ yuē zūn xián shǐ néng jùn jié zài wèi zé

天下之士皆悅而願立於其朝矣。
tiān xià zhī shì jiē yuè ér yuàn lì yú qí cháo yǐ

市，廛而不徵，法而不廛，則天下之
shì chán ér bù zhēng fǎ ér bù chán zé tiān xià zhī

商皆悅而願藏於其市矣。關，譏而不
shāng jiē yuè ér yuàn cáng yú qí shì yǐ guān jī ér bù

徵，則天下之旅皆悅而願出於其路
zhēng zé tiān xià zhī lǚ jiē yuè ér yuàn chū yú qí lù

矣。耕者助而不稅，則天下之農皆悅
yǐ gēng zhě zhù ér bù shuì zé tiān xià zhī nóng jiē yuè

而願耕於其野矣。廛，無夫、里之布，
ér yuàn gēng yú qí yě yǐ chán wú fū lǐ zhī bù

則天下之民皆悅而願爲之氓矣。信
zé tiān xià zhī mín jiē yuè ér yuàn wèi zhī méng yǐ xìn

能行此五者，則鄰國之民仰之若父
néng xíng cǐ wǔ zhě zé lín guó zhī mín yǎng zhī ruò fù

母矣。率其子弟，攻其父母，自有生
民以來未有能濟者也。如此，則無敵
于天下。無敵于天下者，天吏也。然
而不王者，未之有也。』
孟子曰：『人皆有不忍人之心。先
王有不忍人之心，斯有不忍人之政
矣。以不忍人之心，行不忍人之政，治
天下可運之掌上。所以謂「人皆有不
忍人之心」者，今人乍見孺子將入于

井，皆有怵惕惻隱之心，非所以內交
jǐng, jiē yǒu chù tì cè yǐn zhī xīn, fēi suǒ yǐ nà jiāo

于孺子之父母也，非所以要譽于鄉
yú rú zǐ zhī fù mǔ yě, fēi suǒ yǐ yāo yù yú xiāng

黨朋友也，非惡其聲而然也。由是觀
dǎng péng you yě, fēi wù qí shēng ér rán yě. yóu shì guān

之，無惻隱之心，非人也；無羞惡之
zhī, wú cè yǐn zhī xīn, fēi rén yě; wú xiū wù zhī

心，非人也；無辭讓之心，非人也；
xīn, fēi rén yě; wú cí ràng zhī xīn, fēi rén yě;

無是非之心，非人也。惻隱之心，仁
wú shì fēi zhī xīn, fēi rén yě. cè yǐn zhī xīn, rén

之端也；羞惡之心，義之端也；辭讓
zhī duān yě; xiū wù zhī xīn, yì zhī duān yě; cí ràng

之心，禮之端也；是非之心，智之端
zhī xīn, lǐ zhī duān yě; shì fēi zhī xīn, zhì zhī duān

也。人之有是四端也，猶其有四體
yě. rén zhī yǒu shì sì duān yě, yóu qí yǒu sì tǐ

也。有是四端而自謂不能者，自賊者
yě yǒu shì sì duān ér zì wèi bù néng zhě zì zéi zhě

也；謂其君不能者，賊其君者也。凡
yě wèi qí jūn bù néng zhě zéi qí jūn zhě yě fán

有四端于我者，知皆擴而充之矣，若
yǒu sì duān yú wǒ zhě zhī jiē kuò ér chōng zhī yǐ ruò

火之始然，泉之始達。苟能充之，足
huǒ zhī shǐ rán quán zhī shǐ dá gǒu néng chōng zhī zú

以保四海；苟不充之，不足以事父
yǐ bǎo sì hǎi gǒu bù chōng zhī bù zú yǐ shì fù

母。』
mǔ

孟子曰：『矢人豈不仁于函人
mèng zǐ yuē shǐ rén qǐ bù rén yú hán rén

哉？矢人惟恐不傷人，函人惟恐傷
zāi shǐ rén wéi kǒng bù shāng rén hán rén wéi kǒng shāng

人。巫、匠亦然。故術不可不慎也。孔子
rén wū jiàng yì rán gù shù bù kě bú shèn yě kǒng zǐ

曰：「里仁爲美。擇不處仁，焉得智？」
yuē lǐ rén wéi měi zé bù chǔ rén yān dé zhì

夫仁，天之尊爵也，人之安宅也。莫之
fú rén tiān zhī zūn jué yě rén zhī ān zhái yě mò zhī

御而不仁，是不智也。不仁不智，無
yù ér bù rén shì bú zhì yě bù rén bú zhì wú

禮無義，人役也。人役而恥爲役，由
lǐ wú yì rén yì yě rén yì ér chǐ wéi yì yóu

弓人而恥爲弓，矢人而恥爲矢也。如
gōng rén ér chǐ wéi gōng shǐ rén ér chǐ wéi shǐ yě rú

恥之，莫如爲仁。仁者如射，射者正
chǐ zhī mò rú wéi rén rén zhě rú shè shè zhě zhèng

己而後發，發而不中，不怨勝己者，反
jǐ ér hòu fā fā ér bù zhòng bù yuàn shèng jǐ zhě fǎn

求諸己而已矣。』
qiú zhū jǐ ér yǐ yǐ

孟子曰：『子路，人告之以有過，則
mèng zǐ yuē zǐ lù rén gào zhī yǐ yǒu guò zé

喜。禹聞善言，則拜。大舜有大焉：
xǐ。yǔ wén shàn yán，zé bài。dà shùn yǒu dà yān：

善與人同，捨己從人，樂取於人以爲
shàn yǔ rén tóng，shě jǐ cóng rén，lè qǔ yú rén yǐ wéi

善；自耕稼、陶、漁，以至爲帝，無非取
shàn；zì gēng jià、táo、yú，yǐ zhì wéi dì，wú fēi qǔ

於人者。取諸人以爲善，是與人爲善
yú rén zhě。qǔ zhū rén yǐ wéi shàn，shì yǔ rén wéi shàn

者也，故君子莫大乎與人爲善。』
zhě yě，gù jūn zǐ mò dà hū yǔ rén wéi shàn。』

孟子曰：『伯夷，非其君不事，非其
mèng zǐ yuē：『bó yí，fēi qí jūn bù shì，fēi qí

友不友，不立於惡人之朝，不與惡人
yǒu bù yǒu，bù lì yú è rén zhī cháo，bù yǔ è rén

言。立於惡人之朝，與惡人言，如以朝
yán。lì yú è rén zhī cháo，yǔ è rén yán，rú yǐ cháo

衣朝冠坐於塗炭。推惡惡之心，思與
yī cháo guān zuò yú tú tàn。tuī wù è zhī xīn，sī yǔ

鄉人立，其冠不正，望望然去之，若將
xiāng rén lì, qí guān bù zhèng, wàng wàng rán qù zhī, ruò jiāng

浼焉。是故諸侯雖有善其辭命而至
měi yān. shì gù zhū hóu suī yǒu shàn qí cí mìng ér zhì

者，不受也。不受也者，是亦不屑就
zhě, bú shòu yě. bù shòu yě zhě, shì yì bù xiè jiù

已。柳下惠，不羞汙君，不卑小官，進
yǐ. liǔ xià huì, bù xiū wū jūn, bù bēi xiǎo guān, jìn

不隱賢，必以其道；遺佚而不怨，阨
bù yǐn xián, bì yǐ qí dào; yí yì ér bú yuàn, è

窮而不憫。故曰：「爾爲爾，我爲我，雖
qióng ér bù mǐn. gù yuē: ěr wéi ěr, wǒ wéi wǒ, suī

袒裼裸裎于我側，爾焉能浼我哉！」
tǎn xī luǒ chéng yú wǒ cè, ěr yān néng měi wǒ zāi!

故由由然與之偕而不自失焉。援而
gù yóu yóu rán yǔ zhī xié ér bù zì shī yān. yuán ér

止之而止。援而止之而止者，是亦不
zhǐ zhī ér zhǐ. yuán ér zhǐ zhī ér zhǐ zhě, shì yì bú

屑去已。』孟子曰：『伯夷隘，柳下惠不恭。隘與不恭，君子不由也。』

卷四 公孫丑章句下

juàn sì gōng sūn chǒu zhāng jù xià

孟子曰：『天時不如地利，地利不

mèng zǐ yuē tiān shí bù rú dì lì dì lì bù

如人和。三里之城，七里之郭，環而

rú rén hé sān lǐ zhī chéng qī lǐ zhī guō huán ér

攻之而不勝。夫環而攻之，必有得天

gōng zhī ér bù shèng fú huán ér gōng zhī bì yǒu dé tiān

時者矣；然而不勝者，是天時不如

shí zhě yǐ rán ér bù shèng zhě shì tiān shí bù rú

地利也。城非不高也，池非不深也，兵

dì lì yě chéng fēi bù gāo yě chí fēi bù shēn yě bīng

革非不堅利也，米粟非不多也，委而

gé fēi bù jiān lì yě mǐ sù fēi bù duō yě wěi ér

去之，是地利不如人和也。故曰：域

qù zhī shì dì lì bù rú rén hé yě gù yuē yù

民不以封疆之界，固國不以山谿之

mín bù yǐ fēng jiāng zhī jiè gù guó bù yǐ shān xī zhī

險，威天下不以兵革之利。得道者多
xiǎn, wēi tiān xià bù yǐ bīng gé zhī lì. dé dào zhě duō

助，失道者寡助。寡助之至，親戚畔
zhù, shī dào zhě guǎ zhù. guǎ zhù zhī zhì, qīn qī pàn

之，多助之至，天下順之。以天下之所
zhī, duō zhù zhī zhì, tiān xià shùn zhī. yǐ tiān xià zhī suǒ

順，攻親戚之所畔，故君子有不戰，戰
shùn, gōng qīn qī zhī suǒ pàn, gù jūn zǐ yǒu bù zhàn, zhàn

必勝矣。』
bì shèng yǐ.

孟子將朝王。王使人來曰：『寡人
mèng zǐ jiāng cháo wáng. wáng shǐ rén lái yuē: guǎ rén

如就見者也，有寒疾，不可以風。朝
rú jiù jiàn zhě yě, yǒu hán jí, bù kě yǐ fēng. zhāo

將視朝，不識可使寡人得見乎？』
jiāng shì cháo, bù shí kě shǐ guǎ rén dé jiàn hū?

對曰：『不幸而有疾，不能造朝。』
duì yuē: bù xìng ér yǒu jí, bù néng zào cháo.

明日，出吊于東郭氏。公孫丑曰：『昔者辭以病，今日吊，或者不可乎？』曰：『昔者疾，今日愈，如之何不吊？』

王使人問疾，醫來。孟仲子對曰：『昔者有王命，有采薪之憂，不能造朝。今病小愈，趨造于朝，我不識能至否乎？』

使數人要於路，曰：『請必無歸而
造於朝。』
不得已而之景丑氏宿焉。
景子曰：『內則父子，外則君臣，人
之大倫也。父子主恩，君臣主敬。丑
見王之敬子也，未見所以敬王也。』
曰：『惡！是何言也！齊人無以仁
義與王言者，豈以仁義爲不美也？其
心曰「是何足與言仁義也」云爾，則不

敬莫大乎是。我非堯、舜之道不敢以陳于王前，故齊人莫如我敬王也。』

景子曰：『否，非此之謂也。《禮》曰：「父召，無諾。」「君命召，不俟駕。」固將朝也，聞王命而遂不果，宜與夫禮若不相似然。』

曰：『豈謂是與？曾子曰：「晉、楚之富，不可及也。彼以其富，我以吾仁；彼以其爵，我以吾義。吾何慊乎

哉？」夫豈不義而曾子言之？是或一
zāi fú qǐ bù yì ér zēng zǐ yán zhī shì huò yī

道也。天下有達尊三：爵一，齒一，德
dào yě tiān xià yǒu dá zūn sān jué yī chǐ yī dé

一。朝廷莫如爵，鄉黨莫如齒，輔世
yī cháo tíng mò rú jué xiāng dǎng mò rú chǐ fǔ shì

長民莫如德。惡得有其一以慢其二
zhǎng mín mò rú dé wū dé yǒu qí yī yǐ màn qí èr

哉？故將大有爲之君，必有所不召
zāi gù jiāng dà yǒu wéi zhī jūn bì yǒu suǒ bù zhào

之臣；欲有謀焉，則就之。其尊德樂
zhī chén yù yǒu móu yān zé jiù zhī qí zūn dé lè

道，不如是不足與有爲也。故湯之于
dào bù rú shì bù zú yǔ yǒu wéi yě gù tāng zhī yú

伊尹，學焉而後臣之，故不勞而王；桓
yī yǐn xué yān ér hòu chén zhī gù bù láo ér wàng huán

公之于管仲，學焉而後臣之，故不勞
gōng zhī yú guǎn zhòng xué yān ér hòu chén zhī gù bù láo

而霸。今天下地丑德齊，莫能相尚，
ér bà. jīn tiān xià dì chǒu dé qí, mò néng xiāng shàng,

無他，好臣其所教，而不好臣其所受
wú tā, hào chén qí suǒ jiào, ér bú hào chén qí suǒ shòu

教。湯之于伊尹，桓公之于管仲，則不
jiào. tāng zhī yú yī yǐn, huán gōng zhī yú guǎn zhòng, zé bù

敢召；管仲且猶不可召，而況不爲
gǎn zhào; guǎn zhòng qiě yóu bù kě zhào, ér kuàng bù wéi

管仲者乎？』
guǎn zhòng zhě hū?

陳臻問曰：『前日于齊，王饋兼
chén zhēn wèn yuē: qián rì yú qí, wáng kuì jiān

金一百而不受；于宋，饋七十鎰而
jīn yī bǎi ér bú shòu; yú sòng, kuì qī shí yì ér

受；于薛，饋五十鎰而受。前日之不
shòu; yú xuē, kuì wǔ shí yì ér shòu. qián rì zhī bù

受是，則今日之受非也；今日之受
shòu shì, zé jīn rì zhī shòu fēi yě; jīn rì zhī shòu

是，則前日之不受非也。夫子必居一于此矣！』
shì, zé qián rì zhī bú shòu fēi yě. fū zǐ bì jū yì yú cǐ yǐ!

孟子曰：『皆是也。當在宋也，予將有遠行，行者必以贐，辭曰「饋贐」，予何爲不受？當在薛也，予有戒心，辭曰「聞戒，故爲兵饋之」，予何爲不受？若于齊，則未有處也。無處而饋之，是貨之也。焉有君子而可以貨取乎？』
mèng zǐ yuē: jiē shì yě. dāng zài sòng yě, yú jiāng yǒu yuǎn xíng, xíng zhě bì yǐ jìn, cí yuē "kuì jìn", yú hé wéi bù shòu? dāng zài xuē yě, yú yǒu jiè xīn, cí yuē "wén jiè, gù wèi bīng kuì zhī", yú hé wéi bú shòu? ruò yú qí, zé wèi yǒu chǔ yě. wú chǔ ér kuì zhī, shì huò zhī yě. yān yǒu jūn zǐ ér kě yǐ huò qǔ hū?

孟子之平陸，謂其大夫曰：『子之
mèng zǐ zhī píng lù, wèi qí dà fū yuē: zǐ zhī

持戟之士，一日而三失伍，則去之否
乎？』
曰：『不待三。』
『然則子之失伍也亦多矣！凶
年饑歲，子之民，老羸轉于溝壑，壯
者散而之四方者，幾千人矣。』
曰：『此非距心之所得爲也。』
曰：『今有受人之牛羊而爲之牧
之者，則必爲之求牧與芻矣。求牧與

芻而不得，則反諸其人乎？抑亦立

chú ér bù dé, zé fǎn zhū qí rén hū? yì yì lì

而視其死與？』

ér shì qí sǐ yú?

曰：『此則距心之罪也。』

yuē: cǐ zé jù xīn zhī zuì yě.

他日，見於王曰：『王之爲都者，臣

tā rì, jiàn yú wáng yuē: wáng zhī wéi dū zhě, chén

知五人焉；知其罪者，惟孔距心。

zhī wǔ rén yān; zhī qí zuì zhě, wéi kǒng jù xīn.

爲王誦之。

wèi wáng sòng zhī.

王曰：『此則寡人之罪也。』

wáng yuē: cǐ zé guǎ rén zhī zuì yě.

孟子謂蚳蛙曰：『子之辭靈丘而

mèng zǐ wèi chí wā yuē: zǐ zhī cí líng qiū ér

請士師，似也，爲其可以言也。今既

qǐng shì shī, sì yě, wèi qí kě yǐ yán yě. jīn jì

數月矣，未可以言與？』蚳蛙諫于王而不用，致爲臣而去。齊人曰：『所以爲蚳蛙，則善矣；所以自爲，則吾不知也。』

公都子以告。

曰：『吾聞之也：有官守者，不得其職則去；有言責者，不得其言則去。我無官守，我無言責也。則吾進退，豈不綽綽然有余裕哉？』

孟子爲卿于齊，出吊於滕，王使蓋大夫王驩爲輔行。王驩朝暮見；反齊、滕之路，未嘗與之言行事也。

mèng zǐ wéi qīng yú qí, chū diào yú téng, wáng shǐ gě dà fū wáng huān wéi fǔ xíng. wáng huān zhāo mù jiàn; fǎn qí、téng zhī lù, wèi cháng yǔ zhī yán xíng shì yě.

公孫丑曰：「齊卿之位，不爲小矣，齊、滕之路，不爲近矣；反之而未嘗與言行事，何也？」

gōng sūn chǒu yuē: 「qí qīng zhī wèi, bù wéi xiǎo yǐ, qí、téng zhī lù, bù wéi jìn yǐ; fǎn zhī ér wèi cháng yǔ yán xíng shì, hé yě?」

曰：「夫既或治之，予何言哉？」

yuē: 「fú jì huò zhì zhī, yú hé yán zāi?」

孟子自齊葬于魯，反于齊，止于嬴。

mèng zǐ zì qí zàng yú lǔ, fǎn yú qí, zhǐ yú yíng.

充虞請曰：「前日不知虞之不
chōng yú qǐng yuē qián rì bù zhī yú zhī bù

肖，使虞敦匠，事嚴，虞不敢請；今願
xiào shǐ yú dūn jiàng shì yán yú bù gǎn qǐng jīn yuàn

竊有請也：木若以美然。」
qiè yǒu qǐng yě mù ruò yǐ měi rán

曰：「古者棺椁無度，中古，棺七
yuē gǔ zhě guān guǒ wú dù zhōng gǔ guān qī

寸，椁稱之。自天子達于庶人，非直
cùn guǒ chèn zhī zì tiān zǐ dá yú shù rén fēi zhí

爲觀美也，然後盡于人心。不得，
wéi guān měi yě rán hòu jìn yú rén xīn bù dé

不可以爲悅；無財，不可以爲悅；得
bù kě yǐ wéi yuè wú cái bù kě yǐ wéi yuè dé

之爲有財，古之人皆用之，吾何爲獨
zhī wéi yǒu cái gǔ zhī rén jiē yòng zhī wú hé wéi dú

不然？且比化者，無使土親膚，于人
bù rán qiě bǐ huà zhě wú shǐ tǔ qīn fū yú rén

心獨無恔乎？吾聞之：君子不以天
xīn dú wú xiào hū wú wén zhī jūn zǐ bù yǐ tiān

下儉其親。沈同以其私問曰：『燕可伐
xià jiǎn qí qīn shěn tóng yǐ qí sī wèn yuē yān kě fá

與？』
yú

孟子曰：『可。子噲不得與人燕，子
mèng zǐ yuē kě zǐ kuài bù dé yǔ rén yān zǐ

之不得受燕于子噲。有仕于此，而子
zhī bù dé shòu yān yú zǐ kuài yǒu shì yú cǐ ér zǐ

悅之，不告于王，而私與之吾子之祿
yuè zhī bù gào yú wáng ér sī yǔ zhī wú zǐ zhī lù

爵；夫士也，亦無王命，而私受之于
jué fú shì yě yì wú wáng mìng ér sī shòu zhī yú

子；則可乎？何以異于是？』
zǐ zé kě hū hé yǐ yì yú shì

齊人伐燕。
qí rén fá yān

或問曰：『勸齊伐燕，有諸？』
huò wèn yuē quàn qí fá yān yǒu zhū

曰：『未也。沈同問：「燕可伐與？」
yuē wèi yě shěn tóng wèn yān kě fá yú

吾應之曰「可。」彼然而伐之也。彼如
wú yìng zhī yuē kě bǐ rán ér fá zhī yě bǐ rú

曰：「孰可以伐之？」則將應之曰：「爲
yuē shú kě yǐ fá zhī zé jiāng yìng zhī yuē wéi

天吏，則可以伐之。」今有殺人者，或
tiān lì zé kě yǐ fá zhī jīn yǒu shā rén zhě huò

問之曰：「人可殺與？」則將應之曰：
wèn zhī yuē rén kě shā yú zé jiāng yìng zhī yuē

「可。」彼如曰：「孰可以殺之？」則將
kě bǐ rú yuē shú kě yǐ shā zhī zé jiāng

應之曰：「爲士師，則可以殺之。」今以
yìng zhī yuē wéi shì shī zé kě yǐ shā zhī jīn yǐ

燕伐燕，何爲勸之哉？』
yān fá yān hé wéi quàn zhī zāi

燕人畔。王曰：『吾甚慚于孟子。』
yān rén pàn wáng yuē wú shèn cán yú mèng zǐ

陳賈曰：『王無患焉。王自以爲與
chén jiǎ yuē wáng wú huàn yān wáng zì yǐ wéi yǔ

周公孰仁且智？』
zhōu gōng shú rén qiě zhì

王曰：『惡！是何言也！』
wáng yuē wū shì hé yán yě

曰：『周公使管叔監殷，管叔以
yuē zhōu gōng shǐ guǎn shū jiān yīn guǎn shū yǐ

殷畔。知而使之，是不仁也；不知而
yīn pàn zhī ér shǐ zhī shì bù rén yě bù zhī ér

使之，是不智也。仁、智，周公未之盡
shǐ zhī shì bú zhì yě rén zhì zhōu gōng wèi zhī jìn

也，而況于王乎？賈請見而解之。』
yě ér kuàng yú wáng hū jiǎ qǐng jiàn ér jiě zhī

見孟子，問曰：『周公何人也？』
jiàn mèng zǐ wèn yuē zhōu gōng hé rén yě

曰：『古聖人也。』

曰：『使管叔監殷，管叔以殷畔，

也，有諸？』

曰：『然。』

曰：『周公知其將畔而使之與？』

曰：『不知也。』

『然則聖人且有過與？』

曰：『周公弟也，管叔兄也，周公

之過，不亦宜乎？且古之君子，過則

改(gǎi)之(zhī)；今(jīn)之(zhī)君(jūn)子(zǐ)，過(guò)則(zé)順(shùn)之(zhī)。古(gǔ)之(zhī)君(jūn)子(zǐ)，其(qí)過(guò)也(yě)，如(rú)日(rì)月(yuè)之(zhī)食(shí)，民(mín)皆(jiē)見(jiàn)之(zhī)；及(jí)其(qí)更(gēng)也(yě)，民(mín)皆(jiē)仰(yǎng)之(zhī)。今(jīn)之(zhī)君(jūn)子(zǐ)，豈(qǐ)徒(tú)順(shùn)之(zhī)，又(yòu)從(cóng)爲(wèi)之(zhī)辭(cí)。』

孟(mèng)子(zǐ)致(zhì)爲(wéi)臣(chén)而(ér)歸(guī)，王(wáng)就(jiù)見(jiàn)孟(mèng)子(zǐ)，曰(yuē)：『前(qián)日(rì)願(yuàn)見(jiàn)而(ér)不(bù)可(kě)得(dé)，得(dé)侍(shì)同(tóng)朝(cháo)，甚(shèn)喜(xǐ)。今(jīn)又(yòu)弃(qì)寡(guǎ)人(rén)而(ér)歸(guī)，不(bù)識(shí)可(kě)以(yǐ)繼(jì)此(cǐ)而(ér)得(dé)見(jiàn)乎(hū)？』

對(duì)曰(yuē)：『不(bù)敢(gǎn)請(qǐng)耳(ěr)，固(gù)所(suǒ)願(yuàn)也(yě)。』

他日，王謂時子曰：『我欲中國而
tā rì wáng wèi shí zǐ yuē wǒ yù zhōng guó ér

授孟子室，養弟子以萬鍾，使諸大夫
shòu mèng zǐ shì yǎng dì zǐ yǐ wàn zhōng shǐ zhū dà fū

國人，皆有所矜式。子盍爲我言之。』
guó rén jiē yǒu suǒ jīn shì zǐ hé wèi wǒ yán zhī

時子因陳子而以告孟子。
shí zǐ yīn chén zǐ ér yǐ gào mèng zǐ

陳子以時子之言告孟子。孟子
chén zǐ yǐ shí zǐ zhī yán gào mèng zǐ mèng zǐ

曰：『然。夫時子惡知其不可也？如使
yuē rán fú shí zǐ wū zhī qí bù kě yě rú shǐ

予欲富，辭十萬而受萬，是爲欲富
yú yù fù cí shí wàn ér shòu wàn shì wéi yù fù

乎？季孫曰：「異哉！子叔疑。使已爲
hū jì sūn yuē yì zāi zǐ shū yí shǐ jǐ wéi

政，不用，則亦已矣；又使其子弟爲
zhèng bù yòng zé yì yǐ yǐ yòu shǐ qí zǐ dì wéi

卿。人亦孰不欲富貴？而獨于富貴
qīng rén yì shú bú yù fù guì ér dú yú fù guì

之中，有私龍斷焉」。古之爲市也，以其
zhī zhōng yǒu sī lǒng duàn yān gǔ zhī wéi shì yě yǐ qí

所有，易其所無者，有司者治之耳。有
suǒ yǒu yì qí suǒ wú zhě yǒu sī zhě zhì zhī ěr yǒu

賤丈夫焉，必求龍斷而登之，以左右
jiàn zhàng fū yān bì qiú lǒng duàn ér dēng zhī yǐ zuǒ yòu

望而罔市利，人皆以爲賤，故從而徵
wàng ér wǎng shì lì rén jiē yǐ wéi jiàn gù cóng ér zhēng

之。徵商自此賤丈夫始矣。』
zhī zhēng shāng zì cǐ jiàn zhàng fū shǐ yǐ

孟子去齊，宿于晝。有欲爲王留
mèng zǐ qù qí sù yú zhòu yǒu yù wèi wáng liú

行者，坐而言；不應，隱几而卧。
xíng zhě zuò ér yán bú yìng yǐn jī ér wò

客不悅，曰：『弟子齊宿而後敢
kè bú yuè yuē dì zǐ zhāi sù ér hòu gǎn

言，夫子卧而不聽，請勿復敢見矣。』
yán fū zǐ wò ér bù tīng qǐng wù fù gǎn jiàn yǐ

曰：『坐！我明語子。昔者魯繆公
yuē zuò wǒ míng yù zǐ xī zhě lǔ miào gōng

無人乎子思之側，則不能安子思；泄
wú rén hū zǐ sī zhī cè zé bù néng ān zǐ sī xiè

柳、申詳無人乎繆公之側，則不能安
liǔ shēn xiáng wú rén hū miào gōng zhī cè zé bù néng ān

其身。子爲長者慮，而不及子思；子
qí shēn zǐ wèi zhǎng zhě lǜ ér bù jí zǐ sī zǐ

絶長者乎？長者絶子乎？』
jué zhǎng zhě hū zhǎng zhě jué zǐ hū

孟子去齊。尹士語人曰：『不識王
mèng zǐ qù qí yǐn shì yù rén yuē bù shí wáng

之不可以爲湯武，則是不明也；識
zhī bù kě yǐ wéi tāng wǔ zé shì bù míng yě shí

其不可，然且至，則是干澤也。千里而
qí bù kě rán qiě zhì zé shì gān zé yě qiān lǐ ér

見王，不遇故去，三宿而後出晝，是何
jiàn wáng, bù yù gù qù, sān sù ér hòu chū zhòu, shì hé

濡滯也？士則茲不悅。』
rú zhì yě? shì zé zī bú yuè.

高子以告。
gāo zǐ yǐ gào.

曰：『夫尹士惡知予哉？千里而
yuē: fú yǐn shì wū zhī yú zāi? qiān lǐ ér

見王，是予所欲也；不遇故去，豈予
jiàn wáng, shì yú suǒ yù yě; bù yù gù qù, qǐ yú

所欲哉？予不得已也！予三宿而出
suǒ yù zāi? yú bù dé yǐ yě! yú sān sù ér chū

晝，于予心猶以爲速，王庶幾改之。王
zhòu, yú yú xīn yóu yǐ wéi sù, wáng shù jǐ gǎi zhī. wáng

如改諸，則必反予。夫出晝而王不予追
rú gǎi zhū, zé bì fǎn yú. fú chū zhòu ér wáng bù yú zhuī

也，予然後浩然有歸志。予雖然，豈捨
yě, yú rán hòu hào rán yǒu guī zhì. yú suī rán, qǐ shě

王哉？王由足用為善；王如用予，則
wáng zāi? wáng yóu zú yòng wéi shàn; wáng rú yòng yú, zé

豈徒齊民安？天下之民舉安。王庶
qǐ tú qí mín ān? tiān xià zhī mín jǔ ān. wáng shù

幾改之，予日望之！予豈若是小丈
jī gǎi zhī, yú rì wàng zhī! yú qǐ ruò shì xiǎo zhàng

夫然哉？諫於其君而不受，則怒，悻
fū rán zāi? jiàn yú qí jūn ér bú shòu, zé nù, xìng

悻然見於其面；去則窮日之力而
xìng rán jiàn yú qí miàn; qù zé qióng rì zhī lì ér

後宿哉？』
hòu sù zāi?』

尹士聞之曰：『士誠小人也。』
yǐn shì wén zhī yuē:『shì chéng xiǎo rén yě.』

孟子去齊，充虞路問曰：『夫子若
mèng zǐ qù qí, chōng yú lù wèn yuē:『fū zǐ ruò

有不豫色然。前日虞聞諸夫子曰：「君
yǒu bú yù sè rán. qián rì yú wén zhū fū zǐ yuē:「jūn

子不怨天，不尤人。」』

曰：『彼一時，此一時也。五百年必有王者興，其間必有名世者。由周而來，七百有餘歲矣。以其數，則過矣；以其時考之，則可矣。夫天未欲平治天下也；如欲平治天下，當今之世，舍我其誰也？吾何為不豫哉？』

孟子去齊，居休。公孫丑問曰：『仕而不受祿，古之道乎？』

曰：『非也。于崇，吾得見王，退而
yuē fēi yě yú chóng wú dé jiàn wáng tuì ér

有去志；不欲變，故不受也。繼而有
yǒu qù zhì bú yù biàn gù bú shòu yě jì ér yǒu

師命，不可以請。久于齊，非我志也。』
shī mìng bù kě yǐ qǐng jiǔ yú qí fēi wǒ zhì yě

卷五　滕文公章句上
juàn wǔ téng wén gōng zhāng jù shàng

滕文公爲世子，將之楚，過宋而見孟子。孟子道性善，言必稱堯、舜。世子自楚反，復見孟子。

téng wén gōng wéi shì zǐ, jiāng zhī chǔ, guò sòng ér jiàn mèng zǐ. mèng zǐ dào xìng shàn, yán bì chēng yáo、shùn. shì zǐ zì chǔ fǎn, fù jiàn mèng zǐ.

孟子曰：「世子疑吾言乎？夫道，一而已矣。成覸謂齊景公曰：『彼丈夫也，我丈夫也，吾何畏彼哉？』顏淵曰：『舜何人也？予何人也？有爲者亦若是。』公明儀曰：『文王我師也，周公

mèng zǐ yuē: "shì zǐ yí wú yán hū? fú dào, yī ér yǐ yǐ. chéng jiān wèi qí jǐng gōng yuē: 'bǐ zhàng fū yě, wǒ zhàng fū yě, wú hé wèi bǐ zāi?' yán yuān yuē: 'shùn hé rén yě? yú hé rén yě? yǒu wéi zhě yì ruò shì.' gōng míng yí yuē: 'wén wáng wǒ shī yě, zhōu gōng

豈欺我哉？」今滕，絕長補短將五十
qǐ qī wǒ zāi jīn téng jué cháng bǔ duǎn jiāng wǔ shí

裏也，猶可以爲善國。《書》曰：「若藥
lǐ yě yóu kě yǐ wéi shàn guó shū yuē ruò yào

不瞑眩，厥疾不瘳。」』
bù míng xuàn jué jí bù chōu

滕定公薨。世子謂然友曰：『昔者
téng dìng gōng hōng shì zǐ wèi rán yǒu yuē xī zhě

孟子嘗與我言于宋，于心終不忘。今
mèng zǐ cháng yǔ wǒ yán yú sòng yú xīn zhōng bú wàng jīn

也不幸至于大故，吾欲使子問于孟
yě bú xìng zhì yú dà gù wú yù shǐ zǐ wèn yú mèng

子，然後行事。』
zǐ rán hòu xíng shì

然友之鄒問于孟子。
rán yǒu zhī zōu wèn yú mèng zǐ

孟子曰：『不亦善乎！親喪固所自
mèng zǐ yuē bù yì shàn hū qīn sàng gù suǒ zì

盡也。曾子曰：「生，事之以禮；死，葬之以禮，祭之以禮，可謂孝矣。」諸侯之禮，吾未之學也。雖然，吾嘗聞之矣。三年之喪，齊疏之服，飦粥之食，自天子達於庶人，三代共之。』

然友反命。定爲三年之喪。父兄百官皆不欲也，故曰：『吾宗國魯先君莫之行，吾先君亦莫之行也。至於子之身而反之，不可。且《志》曰：「喪祭從先祖。」曰：「吾有所受之也。」』
jì cóng xiān zǔ yuē wú yǒu suǒ shòu zhī yě

謂然友曰：『吾他日未嘗學問，好馳
wèi rán yǒu yuē wú tā rì wèi cháng xué wèn hào chí

馬試劍。今也父兄百官不我足也，恐
mǎ shì jiàn jīn yě fù xiōng bǎi guān bù wǒ zú yě kǒng

其不能盡于大事，子爲我問孟子。』
qí bù néng jìn yú dà shì zǐ wèi wǒ wèn mèng zǐ

然友復之鄒問孟子。
rán yǒu fù zhī zōu wèn mèng zǐ

孟子曰：『然。不可以他求者也。
mèng zǐ yuē rán bù kě yǐ tā qiú zhě yě

孔子曰：「君薨，聽于冢宰，歠粥，面深
kǒng zǐ yuē jūn hōng tīng yú zhǒng zǎi chuò zhōu miàn shēn

墨，即位而哭，百官有司莫敢不哀，
mò jí wèi ér kū bǎi guān yǒu sī mò gǎn bù āi

先之也」。上有好者，下必有甚焉者
xiān zhī yě shàng yǒu hǎo zhě xià bì yǒu shèn yān zhě

矣。「君子之德，風也；小人之德，草也；草尚之風，必偃。」是在世子。』

然友反命。

世子曰：『然。是誠在我。』

五月居廬，未有命戒。百官族人可，謂曰知。及至葬，四方來觀之，顏色之戚，哭泣之哀，弔者大悅。

滕文公問爲國。孟子曰：『民事不可緩也。《詩》云：「晝爾于茅，宵爾索

綯；亟其乘屋，其始播百穀。」民之
táo jí qí chéng wū qí shǐ bō bǎi gǔ mín zhī

爲道也，有恒產者有恒心，無恒產者
wéi dào yě yǒu héng chǎn zhě yǒu héng xīn wú héng chǎn zhě

無恒心。苟無恒心，放辟邪侈，無不
wú héng xīn gǒu wú héng xīn fàng pì xié chǐ wú bù

爲已。及陷乎罪，然後從而刑之，是
wéi yǐ jí xiàn hū zuì rán hòu cóng ér xíng zhī shì

罔民也。焉有仁人在位罔民而可爲
wǎng mín yě yān yǒu rén rén zài wèi wǎng mín ér kě wéi

也？是故賢君必恭儉禮下，取于民
yě shì gù xián jūn bì gōng jiǎn lǐ xià qǔ yú mín

有制。陽虎曰：「爲富不仁矣，爲仁不
yǒu zhì yáng hǔ yuē wéi fù bù rén yǐ wèi rén bú

富矣。」』
fù yǐ

『夏后氏五十而貢，殷人七十而
xià hòu shì wǔ shí ér gòng yīn rén qī shí ér

助，周人百畝而徹，其實皆什一也。徹
zhù zhōu rén bǎi mǔ ér chè qí shí jiē shén yì yě chè

者，徹也；助者，藉也。龍子曰：「治地莫
zhě chè yě zhù zhě jiè yě lóng zǐ yuē zhì dì mò

善于助，莫不善于貢。」貢者，挍數歲
shàn yú zhù mò bù shàn yú gòng gòng zhě jiào shù suì

之中以爲常。樂歲，粒米狼戾，多取之
zhī zhōng yǐ wéi cháng lè suì lì mǐ láng lì duō qǔ zhī

而不爲虐，則寡取之；凶年，糞其田
ér bù wéi nüè zé guǎ qǔ zhī xiōng nián fèn qí tián

而不足，則必取盈焉。爲民父母，使
ér bù zú zé bì qǔ yíng yān wéi mín fù mǔ shǐ

民盻盻然，將終歲勤動，不得以養其
mín xì xì rán jiāng zhōng suì qín dòng bù dé yǐ yǎng qí

父母，又稱貸而益之，使老稚轉乎溝
fù mǔ yòu chēng dài ér yì zhī shǐ lǎo zhì zhuǎn hū gōu

壑，惡在其爲民父母也？夫世祿，滕
hè wū zài qí wéi mín fù mǔ yě fú shì lù téng

固行之矣。《詩》云：「雨我公田，遂及
gù xíng zhī yǐ shī yún yǔ wǒ gōng tián suì jí

我私。」惟助爲有公田。由此觀之，雖
wǒ sī wéi zhù wéi yǒu gōng tián yóu cǐ guān zhī suī

周亦助也。』
zhōu yì zhù yě

『設爲庠序學校以教之。庠者，養
shè wéi xiáng xù xué xiào yǐ jiào zhī xiáng zhě yǎng

也；校者，教也；序者，射也。夏曰校，
yě xiào zhě jiào yě xù zhě shè yě xià yuē xiào

殷曰序，周曰庠，學則三代共之，皆
yīn yuē xù zhōu yuē xiáng xué zé sān dài gòng zhī jiē

所以明人倫也。人倫明于上，小民親
suǒ yǐ míng rén lún yě rén lún míng yú shàng xiǎo mín qīn

于下。有王者起，必來取法，是爲王
yú xià yǒu wáng zhě qǐ bì lái qǔ fǎ shì wéi wáng

者師也。』
zhě shī yě

『《詩》云：「周雖舊邦，其命維
shī yún zhōu suī jiù bāng qí mìng wéi

新。」文王之謂也。子力行之，亦以新
xīn wén wáng zhī wèi yě zǐ lì xíng zhī yì yǐ xīn

子之國。』
zǐ zhī guó

使畢戰問井地。孟子曰：『子之君
shǐ bì zhàn wèn jǐng dì mèng zǐ yuē zǐ zhī jūn

將行仁政，選擇而使子，子必勉之！
jiāng xíng rén zhèng xuǎn zé ér shǐ zǐ zǐ bì miǎn zhī

夫仁政，必自經界始。經界不正，井
fú rén zhèng bì zì jīng jiè shǐ jīng jiè bù zhèng jǐng

地不均，穀祿不平；是故暴君污吏
dì bù jūn gǔ lù bù píng shì gù bào jūn wū lì

必慢其經界。經界既正，分田制祿，可
bì màn qí jīng jiè jīng jiè jì zhèng fēn tián zhì lù kě

坐而定也。』
zuò ér dìng yě

『夫滕壤地褊小，將爲君子焉，
fú téng rǎng dì biǎn xiǎo, jiāng wéi jūn zǐ yān,

將爲野人焉。無君子，莫治野人；無
jiāng wéi yě rén yān. wú jūn zǐ, mò zhì yě rén; wú

野人，莫養君子。請野九一而助，國
yě rén, mò yǎng jūn zǐ. qǐng yě jiǔ yī ér zhù, guó

中什一使自賦。卿以下必有圭田，
zhōng shí yī shǐ zì fù. qīng yǐ xià bì yǒu guī tián,

圭田五十畝，餘夫二十五畝。死徙無
guī tián wǔ shí mǔ, yú fū èr shí wǔ mǔ. sǐ xǐ wú

出鄉。鄉田同井，出入相友，守望相
chū xiāng. xiāng tián tóng jǐng, chū rù xiāng yǒu, shǒu wàng xiāng

助，疾病相扶持，則百姓親睦。方里
zhù, jí bìng xiāng fú chí, zé bǎi xìng qīn mù. fāng lǐ

而井，井九百畝，其中爲公田。八家
ér jǐng, jǐng jiǔ bǎi mǔ, qí zhōng wéi gōng tián. bā jiā

皆私百畝，同養公田。公事畢，然後
jiē sī bǎi mǔ, tóng yǎng gōng tián. gōng shì bì, rán hòu

敢治私事。所以别野人也。此其大略
gǎn zhì sī shì suǒ yǐ bié yě rén yě cǐ qí dà lüè

也。若夫潤澤之，則在君與子矣。』
yě ruò fú rùn zé zhī zé zài jūn yǔ zi yǐ

古有爲神農之言者許行，自楚
gǔ yǒu wéi shén nóng zhī yán zhě xǔ xíng zì chǔ

之滕，踵門而告文公曰：『遠方之人
zhī téng zhǒng mén ér gào wén gōng yuē yuǎn fāng zhī rén

聞君行仁政，願受一廛而爲氓。』
wén jūn xíng rén zhèng yuàn shòu yī chán ér wéi méng

文公與之處。其徒數十人，皆衣
wén gōng yǔ zhī chù qí tú shù shí rén jiē yì

褐、捆屨、織席以爲食。
hè kǔn jù zhī xí yǐ wéi shí

陳良之徒陳相與其弟辛，負耒
chén liáng zhī tú chén xiāng yǔ qí dì xīn fù lěi

耜而自宋之滕，曰：『聞君行聖人之
sì ér zì sòng zhī téng yuē wén jūn xíng shèng rén zhī

政，是亦聖人也，願爲聖人氓。』
zhèng， shì yì shèng rén yě， yuàn wéi shèng rén méng。』

陳相見許行而大悅，盡弃其學
chén xiāng jiàn xǔ xíng ér dà yuè， jìn qì qí xué

而學焉。
ér xué yān。

陳相見孟子，道許行之言曰：「滕
chén xiāng jiàn mèng zǐ， dào xǔ xíng zhī yán yuē：「téng

君則誠賢君也。雖然，未聞道也。賢者
jūn zé chéng xián jūn yě。 suī rán， wèi wén dào yě。 xián zhě

與民并耕而食，饔飧而治。今也滕有
yǔ mín bìng gēng ér sì， yōng sūn ér zhì。 jīn yě téng yǒu

倉廩府庫，則是厲民而以自養也，
cāng lǐn fǔ kù， zé shì lì mín ér yǐ zì yǎng yě，

惡得賢？」
wū dé xián？」

孟子曰：『許子必種粟而後食
mèng zǐ yuē：『xǔ zǐ bì zhòng sù ér hòu shí

乎(hū)？』

曰(yuē)：『然(rán)。』

『許(xǔ)子(zǐ)必(bì)織(zhī)布(bù)然(rán)後(hòu)衣(yī)乎(hū)？』

曰(yuē)：『否(fǒu)。許(xǔ)子(zi)衣(yī)褐(hè)。』

『許(xǔ)子(zǐ)冠(guān)乎(hū)？』

曰(yuē)：『冠(guān)。』

曰(yuē)：『奚(xī)冠(guān)？』

曰(yuē)：『冠(guān)素(sù)。』

曰(yuē)：『自(zì)織(zhī)之(zhī)與(yú)？』

曰：「否。以粟易之。」
yuē fǒu yǐ sù yì zhī

曰：「許子奚爲不自織？」
yuē xǔ zǐ xī wéi bù zì zhī

曰：「害于耕。」
yuē hài yú gēng

曰：「許子以釜甑爨，以鐵耕乎？」
yuē xǔ zǐ yǐ fǔ zēng cuàn yǐ tiě gēng hū

曰：「然。」
yuē rán

「自爲之與？」
zì wéi zhī yú

曰：「否。以粟易之。」
yuē fǒu yǐ sù yì zhī

「以粟易械器者，不爲厲陶冶；
yǐ sù yì xiè qì zhě bù wéi lì táo yě

陶冶亦以其械器易粟者，豈爲厲農
táo yě yì yǐ qí xiè qì yì sù zhě qǐ wéi lì nóng

夫哉？且許子何不爲陶冶，舍皆取
fū zāi qiě xǔ zǐ hé bù wéi táo yě shě jiē qǔ

諸其宮中而用之？何爲紛紛然與
zhū qí gōng zhōng ér yòng zhī hé wéi fēn fēn rán yǔ

百工交易？何許子之不憚煩？』
bǎi gōng jiāo yì hé xǔ zǐ zhī bù dàn fán

曰：『百工之事固不可耕且爲
yuē bǎi gōng zhī shì gù bù kě gēng qiě wéi

也。』
yě

『然則治天下獨可耕且爲與？有
rán zé zhì tiān xià dú kě gēng qiě wéi yú yǒu

大人之事，有小人之事。且一人之
dà ren zhī shì yǒu xiǎo rén zhī shì qiě yī rén zhī

身，而百工之所爲備，如必自爲而後
shēn ér bǎi gōng zhī suǒ wéi bèi rú bì zì wéi ér hòu

用之，是率天下而路也。故曰，或勞
yòng zhī shì shuài tiān xià ér lù yě gù yuē huò láo

心(xīn)，或(huò)勞(láo)力(lì)，勞(láo)心(xīn)者(zhě)治(zhì)人(rén)，勞(láo)力(lì)者(zhě)治(zhì)于(yú)人(rén)。治(zhì)于(yú)人(rén)者(zhě)食(sì)人(rén)，治(zhì)人(rén)者(zhě)食(sì)于(yú)人(rén)，天(tiān)下(xià)之(zhī)通(tōng)義(yì)也(yě)。』

『當(dāng)堯(yáo)之(zhī)時(shí)，天(tiān)下(xià)猶(yóu)未(wèi)平(píng)，洪(hóng)水(shuǐ)橫(héng)流(liú)，泛(fàn)濫(làn)于(yú)天(tiān)下(xià)，草(cǎo)木(mù)暢(chàng)茂(mào)，禽(qín)獸(shòu)繁(fán)殖(zhí)，五(wǔ)穀(gǔ)不(bù)登(dēng)，禽(qín)獸(shòu)偪(bī)人(rén)，獸(shòu)蹄(tí)鳥(niǎo)跡(jì)之(zhī)道(dào)交(jiāo)于(yú)中(zhōng)國(guó)。堯(yáo)獨(dú)憂(yōu)之(zhī)，舉(jǔ)舜(shùn)而(ér)敷(fū)治(zhì)焉(yān)。舜(shùn)使(shǐ)益(yì)掌(zhǎng)火(huǒ)，益(yì)烈(liè)山(shān)澤(zé)而(ér)焚(fén)之(zhī)，禽(qín)獸(shòu)逃(táo)匿(nì)。禹(yǔ)疏(shū)九(jiǔ)河(hé)，瀹(yuè)濟(jǐ)、漯(tà)而(ér)注(zhù)

諸海，決汝、漢，排淮、泗而注之江，
zhū hǎi jué rǔ hàn pái huái sì ér zhù zhī jiāng

然後中國可得而食也。當是時也，
rán hòu zhōng guó kě dé ér shí yě dāng shì shí yě

禹八年于外，三過其門而不入，雖欲
yǔ bā nián yú wài sān guò qí mén ér bù rù suī yù

耕，得乎？』
gēng de hū

『后稷教民稼穡，樹藝五穀；五
hòu jì jiāo mín jià sè shù yì wǔ gǔ wǔ

穀熟而民人育。人之有道也，飽食、
gǔ shú ér mín rén yù rén zhī yǒu dào yě bǎo shí

暖衣、逸居而無教，則近于禽獸。聖人
nuǎn yī yì jū ér wú jiào zé jìn yú qín shòu shèng rén

有憂之，使契爲司徒，教以人倫：父子
yǒu yōu zhī shǐ xiè wéi sī tú jiāo yǐ rén lún fù zǐ

有親，君臣有義，夫婦有別，長幼有
yǒu qīn jūn chén yǒu yì fū fù yǒu bié zhǎng yòu yǒu

敘，朋友有信。放勛曰：「勞之來之，匡
xù，péng yǒu yǒu xìn。fǎng xūn yuē：「láo zhī lái zhī，kuāng

之直之，輔之翼之，使自得之，又從
zhī zhí zhī，fǔ zhī yì zhī，shǐ zì dé zhī，yòu cóng

而振德之。」聖人之憂民如此，而暇
ér zhèn dé zhī。」shèng rén zhī yōu mín rú cǐ，ér xiá

耕乎？
gēng hū？

『堯以不得舜爲己憂，舜以不得
『yáo yǐ bù dé shùn wéi jǐ yōu，shùn yǐ bù dé

禹、皋陶爲己憂。夫以百畝之不易爲
yǔ、gāo yáo wéi jǐ yōu。fú yǐ bǎi mǔ zhī bù yì wéi

己憂者，農夫也。分人以財謂之惠，
jǐ yōu zhě，nóng fū yě。fēn rén yǐ cái wèi zhī huì，

教人以善謂之忠，爲天下得人者謂
jiāo rén yǐ shàn wèi zhī zhōng，wèi tiān xià dé rén zhě wèi

之仁。是故以天下與人易，爲天下得
zhī rén。shì gù yǐ tiān xià yǔ rén yì，wèi tiān xià dé

人難。孔子曰：「大哉堯之爲君！惟天
rén nán。kǒng zǐ yuē：「dà zāi yáo zhī wéi jūn！wéi tiān

爲大，惟堯則之。蕩蕩乎民無能名
wéi dà，wéi yáo zé zhī。dàng dàng hū mín wú néng míng

焉！君哉舜也！巍巍乎有天下而不
yān！jūn zāi shùn yě！wēi wēi hū yǒu tiān xià ér bù

與焉！」堯舜之治天下，豈無所用其
yú yān！」yáo shùn zhī zhì tiān xià，qǐ wú suǒ yòng qí

心哉？亦不用于耕耳。』
xīn zāi？yì bù yòng yú gēng ěr。』

『吾聞用夏變夷者，未聞變于夷
『wú wén yòng xià biàn yí zhě，wèi wén biàn yú yí

者也。陳良，楚産也，悅周公、仲尼之
zhě yě。chén liáng，chǔ chǎn yě，yuè zhōu gōng、zhòng ní zhī

道，北學于中國。北方之學者，未能或
dào，běi xué yú zhōng guó。běi fāng zhī xué zhě，wèi néng huò

之先也。彼所謂豪杰之士也。子之兄
zhī xiān yě。bǐ suǒ wèi háo jié zhī shì yě。zǐ zhī xiōng

弟事之數十年，師死而遂倍之。昔者
dì shì zhī shù shí nián shī sǐ ér suì bèi zhī xī zhě

孔子沒，三年之外，門人治任將歸，入
kǒng zǐ mò sān nián zhī wài mén rén zhì rèn jiāng guī rù

揖於子貢，相向而哭，皆失聲，然後
yī yú zǐ gòng xiāng xiàng ér kū jiē shī shēng rán hòu

歸。子貢反，築室於場，獨居三年，
guī zǐ gòng fǎn zhù shì yú chǎng dú jū sān nián

然後歸。他日，子夏、子張、子游以有
rán hòu guī tā rì zǐ xià zǐ zhāng zǐ yóu yǐ yǒu

若似聖人，欲以所事孔子事之，強曾
ruò sì shèng rén yù yǐ suǒ shì kǒng zǐ shì zhī qiǎng zēng

子。曾子曰：「不可。江漢以濯之，秋陽
zǐ zēng zǐ yuē bù kě jiāng hàn yǐ zhuó zhī qiū yáng

以暴之，皜皜乎不可尚已。」今也南
yǐ pù zhī hào hào hū bù kě shàng yǐ jīn yě nán

蠻鴃舌之人，非先王之道，子倍子之
mán jué shé zhī rén fēi xiān wáng zhī dào zǐ bèi zǐ zhī

師而學之，亦異于曾子矣。吾聞出于
shī ér xué zhī yì yì yú zēng zǐ yǐ wú wén chū yú

幽谷，遷于喬木者；未聞下喬木，而
yōu gǔ qiān yú qiáo mù zhě wèi wén xià qiáo mù ér

入于幽谷者。《魯頌》曰：「戎狄是膺，
rù yú yōu gǔ zhě lǔ sòng yuē róng dí shì yīng

荊舒是懲。」周公方且膺之，子是之
jīng shū shì chéng zhōu gōng fāng qiě yīng zhī zǐ shì zhī

學，亦爲不善變矣！』
xué yì wéi bù shàn biàn yǐ

『從許子之道，則市賈不貳，國中
cóng xǔ zǐ zhī dào zé shì jià bú èr guó zhōng

無僞；雖使五尺之童適市，莫之或
wú wěi suī shǐ wǔ chǐ zhī tóng shì shì mò zhī huò

欺。布帛長短同，則賈相若；麻縷絲
qī bù bó cháng duǎn tóng zé jià xiāng ruò má lǚ sī

絮輕重同，則賈相若；五穀多寡同，
xù qīng zhòng tóng zé jià xiāng ruò wǔ gǔ duō guǎ tóng

則賈相若；屨大小同，則賈相若。』
zé jià xiāng ruò; jù dà xiǎo tóng, zé jià xiāng ruò.

曰：『夫物之不齊，物之情也，或相
yuē: fú wù zhī bù qí, wù zhī qíng yě, huò xiāng

倍蓰，或相什百，或相千萬。子比而
bèi xǐ, huò xiāng shén bǎi, huò xiāng qiān wàn. zǐ bǐ ér

同之，是亂天下也。巨屨小屨同賈，
tóng zhī, shì luàn tiān xià yě. jù jù xiǎo jù tóng jià,

人豈爲之哉？從許子之道，相率而
rén qǐ wéi zhī zāi? cóng xǔ zi zhī dào, xiāng shuài ér

爲僞者也，惡能治國家？』
wéi wěi zhě yě, wū néng zhì guó jiā?

墨者夷之因徐辟而求見孟子。孟
mò zhě yí zhī yīn xú bì ér qiú jiàn mèng zǐ. mèng

子曰：『吾固願見，今吾尚病，病愈，我
zǐ yuē: wú gù yuàn jiàn, jīn wú shàng bìng, bìng yù, wǒ

且往見。夷子不來。』
qiě wǎng jiàn. yí zǐ bù lái.

他日，又求見孟子。孟子曰：『吾今
tā rì yòu qiú jiàn mèng zǐ mèng zǐ yuē wú jīn

則可以見矣。不直則道不見，我且直
zé kě yǐ jiàn yǐ bù zhí zé dào bù jiàn wǒ qiě zhí

之。吾聞夷子墨者，墨之治喪也，以薄
zhī wú wén yí zǐ mò zhě mò zhī zhì sāng yě yǐ bó

爲其道也。夷子思以易天下，豈以爲
wéi qí dào yě yí zǐ sī yǐ yì tiān xià qǐ yǐ wéi

非是而不貴也？然而夷子葬其親
fēi shì ér bù guì yě rán ér yí zǐ zàng qí qīn

厚，則是以所賤事親也。』
hòu zé shì yǐ suǒ jiàn shì qīn yě

徐子以告夷子。
xú zǐ yǐ gào yí zǐ

夷子曰：『儒者之道，古之人「若
yí zǐ yuē rú zhě zhī dào gǔ zhī rén ruò

保赤子」，此言何謂也？之則以爲愛
bǎo chì zǐ cǐ yán hé wèi yě zhī zé yǐ wéi ài

無差等，施由親始。』
徐子以告孟子。
孟子曰：『夫夷子信以爲人之親
其兄之子爲若親其鄰之赤子乎？
彼有取爾也。赤子匍匐將入井，非赤
子之罪也。且天之生物也，使之一
本，而夷子二本故也。蓋上世嘗有不
葬其親者，其親死，則舉而委之于
壑。他日過之，狐狸食之，蠅蚋姑嘬

之。其顙有泚，睨而不視。夫泚也，非
zhī qí sǎng yǒu cǐ nì ér bú shì fú cǐ yě fēi

爲人泚，中心達于面目。蓋歸反虆梩
wèi rén cǐ zhōng xīn dá yú miàn mù gài guī fǎn lěi sì

而掩之。掩之誠是也，則孝子仁人之
ér yǎn zhī yǎn zhī chéng shì yě zé xiào zǐ rén rén zhī

掩其親，亦必有道矣。』
yǎn qí qīn yì bì yǒu dào yǐ

徐子以告夷子。夷子憮然，爲
xú zǐ yǐ gào yí zǐ yí zǐ wǔ rán wéi

閒，曰：『命之矣！』
jiān yuē mìng zhī yǐ

卷六 滕文公章句下

juàn liù téng wén gōng zhāng jù xià

陳代曰：『不見諸侯，宜若小然；今
chén dài yuē bù jiàn zhū hóu yí ruò xiǎo rán jīn

一見之，大則以王，小則以霸。且《志》
yí jiàn zhī dà zé yǐ wáng xiǎo zé yǐ bà qiě zhì

曰：「枉尺而直尋」，宜若可爲也。』
yuē wǎng chǐ ér zhí xún yí ruò kě wéi yě

孟子曰：『昔齊景公田，招虞人以
mèng zǐ yuē xī qí jǐng gōng tián zhāo yú rén yǐ

旌，不至，將殺之。志士不忘在溝壑，勇
jīng bù zhì jiāng shā zhī zhì shì bú wàng zài gōu hè yǒng

士不忘喪其元，孔子奚取焉？取非其
shì bú wàng sàng qí yuán kǒng zǐ xī qǔ yān qǔ fēi qí

招不往也。如不待其招而往，何哉？
zhāo bù wǎng yě rú bú dài qí zhāo ér wǎng hé zāi

且夫枉尺而直尋者，以利言也。如以
qiě fú wǎng chǐ ér zhí xún zhě yǐ lì yán yě rú yǐ

利，則枉尋直尺而利，亦可爲與？昔
lì，zé wǎng xún zhí chǐ ér lì，yì kě wéi yú？xī

者趙簡子使王良與嬖奚乘，終日而
zhě zhào jiǎn zǐ shǐ wáng liáng yǔ bì xī shèng，zhōng rì ér

不獲一禽。嬖奚反命曰：「天下之賤工
bú huò yī qín。bì xī fǎn mìng yuē：「tiān xià zhī jiàn gōng

也。」或以告王良。良曰：「請復之。」
yě。」huò yǐ gào wáng liáng。liáng yuē：「qǐng fù zhī。」

强而後可。一朝而獲十禽。嬖奚反命
qiǎng ér hòu kě。yī zhāo ér huò shí qín。bì xī fǎn mìng

曰：「天下之良工也。」簡子曰：「我使
yuē：「tiān xià zhī liáng gōng yě。」jiǎn zǐ yuē：「wǒ shǐ

掌與女乘。」謂王良。良不可，曰：「吾
zhǎng yǔ nǚ chéng。」wèi wáng liáng。liáng bù kě，yuē：「wú

爲之範我馳驅，終日不獲一；爲之
wèi zhī fàn wǒ chí qū，zhōng rì bù huò yī；wèi zhī

詭遇，一朝而獲十。《詩》云：「不失其
guǐ yù，yī zhāo ér huò shí。《shī》yún：「bù shī qí

馳，舍矢如破。」我不貫與小人乘，請
chí shě shǐ rú pò wǒ bù guàn yǔ xiǎo rén shèng qǐng

辭。」御者且羞與射者比；比而得禽
cí yù zhě qiě xiū yǔ shè zhě bǐ bǐ ér dé qín

獸，雖若丘陵，弗爲也。如枉道而從
shòu suī ruò qiū líng fú wéi yě rú wǎng dào ér cóng

彼，何也？且子過矣！枉已者，未有能
bǐ hé yě qiě zǐ guò yǐ wǎng jǐ zhě wèi yǒu néng

直人者也。」
zhí rén zhě yě

景春曰：「公孫衍、張儀豈不誠大
jǐng chūn yuē gōng sūn yǎn zhāng yí qǐ bù chéng dà

丈夫哉？一怒而諸侯懼，安居而天
zhàng fū zāi yī nù ér zhū hóu jù ān jū ér tiān

下熄。」
xià xī

孟子曰：「是焉得爲大丈夫乎？子
mèng zǐ yuē shì yān dé wéi dà zhàng fū hū zǐ

未學禮乎？丈夫之冠也，父命之。
wèi xué lǐ hū? zhàng fū zhī guān yě, fù mìng zhī.

女子之嫁也，母命之，往送之門，戒
nǚ zǐ zhī jià yě, mǔ mìng zhī, wǎng sòng zhī mén, jiè

之曰：「往之女家，必敬必戒，無違夫
zhī yuē: "wǎng zhī rǔ jiā, bì jìng bì jiè, wú wéi fū

子。」以順爲正者，妾婦之道也。居天
zǐ." yǐ shùn wéi zhèng zhě, qiè fù zhī dào yě. jū tiān

下之廣居，立天下之正位，行天下之
xià zhī guǎng jū, lì tiān xià zhī zhèng wèi, xíng tiān xià zhī

大道；得志與民由之，不得志獨行
dà dào; dé zhì yǔ mín yóu zhī, bù dé zhì dú xíng

其道。富貴不能淫，貧賤不能移，威
qí dào. fù guì bù néng yín, pín jiàn bù néng yí, wēi

武不能屈，此之謂大丈夫。』
wǔ bù néng qū, cǐ zhī wèi dà zhàng fū.

周霄問曰：『古之君子仕乎？』
zhōu xiāo wèn yuē: "gǔ zhī jūn zǐ shì hū?"

孟子曰：『仕。《傳》曰：「孔子三月無君，則皇皇如也，出疆必載質。」公明儀曰：「古之人，三月無君則弔。」』

『三月無君則弔，不以急乎？』

曰：『士之失位也，猶諸侯之失國家也。《禮》曰：「諸侯耕助，以供粢盛；夫人蠶繅，以爲衣服。犧牲不成，粢盛不絜，衣服不備，不敢以祭。惟士無田，則亦不祭。」牲殺、器皿、衣服不備(bèi)，不(bù)敢(gǎn)以(yǐ)祭(jì)，則(zé)不(bù)敢(gǎn)以(yǐ)宴(yàn)，亦(yì)不(bù)足(zú)
弔(diào)乎(hū)？』

『出(chū)疆(jiāng)必(bì)載(zài)質(zhì)，何(hé)也(yě)？』

曰(yuē)：『士(shì)之(zhī)仕(shì)也(yě)，猶(yóu)農(nóng)夫(fū)之(zhī)耕(gēng)也(yě)；農(nóng)
夫(fū)豈(qǐ)爲(wèi)出(chū)疆(jiāng)舍(shě)其(qí)耒(lěi)耜(sì)哉(zāi)？』

曰(yuē)：『晉(jìn)國(guó)亦(yì)仕(shì)國(guó)也(yě)，未(wèi)嘗(cháng)聞(wén)仕(shì)如(rú)
此(cǐ)其(qí)急(jí)。仕(shì)如(rú)此(cǐ)其(qí)急(jí)也(yě)，君(jūn)子(zǐ)之(zhī)難(nán)
仕(shì)，何(hé)也(yě)？』

曰(yuē)：『丈(zhàng)夫(fū)生(shēng)而(ér)願(yuàn)爲(wèi)之(zhī)有(yǒu)室(shì)，女(rú)子(zǐ)

生而願爲之有家；父母之心人皆
有之。不待父母之命、媒妁之言，鑽
穴隙相窺，逾墻相從，則父母國人皆
賤之。古之人未嘗不欲仕也，又惡不
由其道；不由其道而往者，與鑽穴
隙之類也。』

彭更問曰：『後車數十乘，從者數
百人，以傳食于諸侯，不以泰乎？』
孟子曰：『非其道，則一簞食不可

受于人；如其道，則舜受堯之天下不以爲泰。子以爲泰乎？』

曰：『否。士無事而食，不可也。』

曰：『子不通功易事，以羨補不足，則農有余粟，女有余布。子如通之，則梓匠輪輿皆得食于子。于此有人焉，入則孝，出則悌，守先王之道，以待後之學者，而不得食于子。子何尊梓匠輪輿而輕爲仁義者哉？』

曰：『梓匠輪輿，其志將以求食
yuē zǐ jiàng lún yú qí zhì jiāng yǐ qiú shí

也。君子之爲道也，其志亦將以求食
yě jūn zǐ zhī wéi dào yě qí zhì yì jiāng yǐ qiú shí

與？』
yǔ

曰：『子何以其志爲哉？其有功
yuē zǐ hé yǐ qí zhì wéi zāi qí yǒu gōng

于子，可食而食之矣。且子食志乎？
yú zǐ kě sì ér sì zhī yǐ qiě zǐ sì zhì hū

食功乎？』
sì gōng hū

曰：『食志。』
yuē sì zhì

曰：『有人于此，毁瓦畫墁，其志
yuē yǒu rén yú cǐ huǐ wǎ huà màn qí zhì

將以求食也，則子食之乎？』
jiāng yǐ qiú shí yě zé zǐ sì zhī hū

人問之曰：「何爲不祀？」曰：「無以供
牛羊。葛伯食之，又不以祀。湯又使
祀？」曰：「無以供犧牲也。」湯使遺之
放而不祀，湯使人問之曰：「何爲不
孟子曰：『湯居亳，與葛爲鄰。葛伯
王政，齊、楚惡而伐之，則如之何？』
萬章問曰：『宋，小國也，今將行
曰：『然則子非食志也，食功也。』
曰：『否。』

粢(zī)盛(chéng)也(yě)。」湯(tāng)使(shǐ)亳(bó)衆(zhòng)往(wǎng)爲(wèi)之(zhī)耕(gēng)，老(lǎo)弱(ruò)

饋(kuì)食(shí)。葛(gě)伯(bó)率(shuài)其(qí)民(mín)，要(yāo)其(qí)有(yǒu)酒(jiǔ)食(shí)黍(shǔ)稻(dào)

者(zhě)奪(duó)之(zhī)，不(bù)授(shòu)者(zhě)殺(shā)之(zhī)。有(yǒu)童(tóng)子(zǐ)以(yǐ)黍(shǔ)肉(ròu)

餉(xiǎng)，殺(shā)而(ér)奪(duó)之(zhī)。《書(shū)》曰(yuē)：「葛(gě)伯(bó)仇(chóu)餉(xiǎng)。」

此(cǐ)之(zhī)謂(wèi)也(yě)。爲(wèi)其(qí)殺(shā)是(shì)童(tóng)子(zǐ)而(ér)征(zhēng)之(zhī)，四(sì)

海(hǎi)之(zhī)内(nèi)皆(jiē)曰(yuē)：「非(fēi)富(fù)天(tiān)下(xià)也(yě)，爲(wèi)匹(pǐ)夫(fū)匹(pǐ)

婦(fù)復(fù)讎(chóu)也(yě)。」湯(tāng)始(shǐ)征(zhēng)，自(zì)葛(gě)載(zài)，十(shí)一(yì)征(zhēng)

而(ér)無(wú)敵(dí)于(yú)天(tiān)下(xià)。東(dōng)面(miàn)而(ér)征(zhēng)，西(xī)夷(yí)怨(yuàn)；

南(nán)面(miàn)而(ér)征(zhēng)，北(běi)狄(dí)怨(yuàn)。曰(yuē)：「奚(xī)爲(wéi)後(hòu)我(wǒ)？」

民之望之，若大旱之望雨也。歸市者弗
mín zhī wàng zhī ruò dà hàn zhī wàng yǔ yě guī shì zhě fú

止，芸者不變；誅其君，吊其民，如時
zhǐ yún zhě bù biàn zhū qí jūn diào qí mín rú shí

雨降。民大悅。《書》曰：「徯我后，后來
yǔ jiàng mín dà yuè shū yuē xī wǒ hòu hòu lái

其無罰！」「有攸不惟臣，東征，綏厥士
qí wú fá yǒu yōu bù wéi chén dōng zhēng suí jué shì

女。篚厥玄黃，紹我周王見休，惟臣附
nǚ fěi jué xuán huáng shào wǒ zhōu wáng jiàn xiū wéi chén fù

于大邑周。」其君子實玄黃于篚以迎
yú dà yì zhōu qí jūn zǐ shí xuán huáng yú fěi yǐ yíng

其君子；其小人簞食壺漿以迎其小
qí jūn zǐ qí xiǎo rén dān shí hú jiāng yǐ yíng qí xiǎo

人。救民于水火之中，取其殘而已矣。
rén jiù mín yú shuǐ huǒ zhī zhōng qǔ qí cán ér yǐ yǐ

《太誓》曰：「我武惟揚，侵于之疆，則
tài shì yuē wǒ wǔ wéi yáng qīn yú zhī jiāng zé

取于殘，殺伐用張，于湯有光。』不行
王政云爾。苟行王政，四海之內皆舉
首而望之，欲以爲君，齊楚雖大，何
畏焉？」
孟子謂戴不勝曰：「子欲子之
王之善與？我明告子。有楚大夫於
此，欲其子之齊語也，則使齊人傅
諸？使楚人傅諸？」
曰：「使齊人傅之。」

曰：『一齊人傅之，衆楚人咻之，
yuē yī qí rén fù zhī zhòng chǔ rén xiū zhī

雖日撻而求其齊也，不可得矣；引而
suī rì tà ér qiú qí qí yě bù kě dé yǐ yǐn ér

置之莊岳之間數年，雖日撻而求其
zhì zhī zhuāng yuè zhī jiān shù nián suī rì tà ér qiú qí

楚，亦不可得矣。子謂薛居州善士
chǔ yì bù kě dé yǐ zǐ wèi xuē jū zhōu shàn shì

也，使之居於王所。在於王所者，長幼
yě shǐ zhī jū yú wáng suǒ zài yú wáng suǒ zhě zhǎng yòu

卑尊皆薛居州也，王誰與爲不善？
bēi zūn jiē xuē jū zhōu yě wáng shuí yǔ wéi bù shàn

在王所者，長幼卑尊皆非薛居州
zài wáng suǒ zhě zhǎng yòu bēi zūn jiē fēi xuē jū zhōu

也，王誰與爲善？一薛居州，獨如宋
yě wáng shuí yǔ wéi shàn yì xuē jū zhōu dú rú sòng

王何？』
wáng hé

公孫丑問曰：『不見諸侯何義？』
gōng sūn chǒu wèn yuē bú jiàn zhū hóu hé yì

孟子曰：『古者不爲臣不見。段干
mèng zǐ yuē gǔ zhě bù wéi chén bù jiàn duàn gān

木踰垣而辟之，泄柳閉門而不納，是
mù yú yuán ér bì zhī xiè liǔ bì mén ér bù nà shì

皆已甚。迫，斯可以見矣。陽貨欲見孔
jiē yǐ shèn pò sī kě yǐ jiàn yǐ yáng huò yù jiàn kǒng

子而惡無禮。大夫有賜于士，不得
zǐ ér wù wú lǐ dà fū yǒu cì yú shì bù dé

受于其家，則往拜其門。陽貨瞰孔子
shòu yú qí jiā zé wǎng bài qí mén yáng huò kàn kǒng zǐ

之亡也，而饋孔子蒸豚。孔子亦瞰其
zhī wú yě ér kuì kǒng zǐ zhēng tún kǒng zǐ yì kàn qí

亡也，而往拜之。當是時，陽貨先，豈
wú yě ér wǎng bài zhī dāng shì shí yáng huò xiān qǐ

得不見？曾子曰：「脅肩諂笑，病于夏
dé bú jiàn zēng zǐ yuē xié jiān chǎn xiào bìng yú xià

畦。」子路曰：「未同而言，觀其色赧赧
然，非由之所知也。」由是觀之，則君
子之所養可知已矣。』
戴盈之曰：『什一，去關市之徵，今
茲未能，請輕之，以待來年，然後已，
何如？』
孟子曰：『今有人日攘其鄰之鷄
者，或告之曰：「是非君子之道。」曰：
「請損之，月攘一鷄，以待來年，然後

已。」如知其非義，斯速已矣，何待來
yǐ rú zhī qí fēi yì sī sù yǐ yǐ hé dài lái

年？』
nián

公都子曰：『外人皆稱夫子好
gōng dū zǐ yuē wài rén jiē chēng fū zǐ hào

辯，敢問何也？』
biàn gǎn wèn hé yě

孟子曰：『予豈好辯哉？予不得已
mèng zǐ yuē yú qǐ hào biàn zāi yú bù dé yǐ

也。天下之生久矣，一治一亂。當堯
yě tiān xià zhī shēng jiǔ yǐ yí zhì yí luàn dāng yáo

之時，水逆行，泛濫于中國，蛇龍居
zhī shí shuǐ nì xíng fàn làn yú zhōng guó shé lóng jū

之，民無所定；下者爲巢，上者爲營
zhī mín wú suǒ dìng xià zhě wéi cháo shàng zhě wéi yíng

窟。《書》曰：「洚水警余。」洚水者，洪
kū shū yuē jiàng shuǐ jǐng yú jiàng shuǐ zhě hóng

水(shuǐ)也(yě)。使(shǐ)禹(yǔ)治(zhì)之(zhī)。禹(yǔ)掘(jué)地(dì)而(ér)注(zhù)之(zhī)海(hǎi)，驅(qū)蛇(shé)龍(lóng)而(ér)放(fàng)之(zhī)菹(jū)。水(shuǐ)由(yóu)地(dì)中(zhōng)行(xíng)，江(jiāng)、淮(huái)、河(hé)、漢(hàn)是(shì)也(yě)。險(xiǎn)阻(zǔ)既(jì)遠(yuǎn)，鳥(niǎo)獸(shòu)之(zhī)害(hài)人(rén)者(zhě)消(xiāo)，然(rán)後(hòu)人(rén)得(dé)平(píng)土(tǔ)而(ér)居(jū)之(zhī)。』

『堯(yáo)、舜(shùn)既(jì)沒(mò)，聖(shèng)人(rén)之(zhī)道(dào)衰(shuāi)，暴(bào)君(jūn)代(dài)作(zuò)。壞(huài)宮(gōng)室(shì)以(yǐ)爲(wéi)污(wū)池(chí)，民(mín)無(wú)所(suǒ)安(ān)息(xī)；棄(qì)田(tián)以(yǐ)爲(wéi)園(yuán)囿(yòu)，使(shǐ)民(mín)不(bù)得(dé)衣(yī)食(shí)。邪(xié)說(shuō)暴(bào)行(xíng)又(yòu)作(zuò)，園(yuán)囿(yòu)、污(wū)池(chí)、沛(pèi)澤(zé)多(duō)而(ér)禽(qín)獸(shòu)至(zhì)。及(jí)紂(zhòu)之(zhī)身(shēn)，天(tiān)下(xià)又(yòu)大(dà)亂(luàn)。周(zhōu)公(gōng)

相武王誅紂、伐奄，三年討其君，驅飛廉於海隅而戮之，滅國者五十，驅虎、豹、犀、象而遠之，天下大悅。《書》曰：「丕顯哉，文王謨！丕承哉，武王烈！佑啓我後人，咸以正無缺。」

『世衰道微，邪說暴行有作；臣弒其君者有之，子弒其父者有之。孔子懼，作《春秋》。《春秋》，天子之事也。是故孔子曰：「知我者其惟《春秋》乎！罪我者其惟《春秋》乎！』
『聖王不作，諸侯放恣，處士橫
議，楊朱、墨翟之言盈天下。天下之
言不歸楊則歸墨。楊氏爲我，是無君
也；墨氏兼愛，是無父也。無父無君
是禽獸也。公明儀曰：「庖有肥肉，廄有
肥馬，民有饑色，野有餓莩。此率獸
而食人也。」楊墨之道不息，孔子之
道不著，是邪說誣民，充塞仁義也。

仁(rén)義(yì)充(chōng)塞(sè)，則(zé)率(shuài)獸(shòu)食(shí)人(rén)，人(rén)將(jiāng)相(xiāng)食(shí)。

吾(wú)爲(wèi)此(cǐ)懼(jù)，閑(xián)先(xiān)聖(shèng)之(zhī)道(dào)，距(jù)楊(yáng)墨(mò)，放(fàng)淫(yín)辭(cí)，邪(xié)說(shuō)者(zhě)不(bù)得(dé)作(zuò)。作(zuò)於(yú)其(qí)心(xīn)，害(hài)於(yú)其(qí)事(shì)；作(zuò)於(yú)其(qí)事(shì)，害(hài)於(yú)其(qí)政(zhèng)。聖(shèng)人(rén)復(fù)起(qǐ)，不(bú)易(yì)吾(wú)言(yán)矣(yǐ)。』

『昔(xī)者(zhě)禹(yǔ)抑(yì)洪(hóng)水(shuǐ)，而(ér)天(tiān)下(xià)平(píng)；周(zhōu)公(gōng)兼(jiān)夷(yí)狄(dí)、驅(qū)猛(měng)獸(shòu)，而(ér)百(bǎi)姓(xìng)寧(níng)，孔(kǒng)子(zǐ)成(chéng)《春(chūn)秋(qiū)》而(ér)亂(luàn)臣(chén)賊(zéi)子(zǐ)懼(jù)。《詩(shī)》云(yún)：「戎(róng)狄(dí)是(shì)膺(yīng)，荊(jīng)舒(shū)是(shì)懲(chéng)，則(zé)莫(mò)我(wǒ)敢(gǎn)承(chéng)。」無(wú)

父無君，是周公所膺也。我亦欲正人
fù wú jūn, shì zhōu gōng suǒ yīng yě. wǒ yì yù zhèng rén

心，息邪說，距詖行，放淫辭，以承三
xīn, xī xié shuō, jù bì xíng, fàng yín cí, yǐ chéng sān

聖者。豈好辯哉？予不得已也！能言
shèng zhě. qǐ hǎo biàn zāi? yǔ bù dé yǐ yě! néng yán

距楊墨者，聖人之徒也。』
jù yáng mò zhě, shèng rén zhī tú yě.

匡章曰：『陳仲子豈不誠廉士
kuāng zhāng yuē: chén zhòng zǐ qǐ bù chéng lián shì

哉？居於陵，三日不食，耳無聞，目無
zāi? jū wū líng, sān rì bù shí, ěr wú wén, mù wú

見也。井上有李，螬食實者過半矣，匍
jiàn yě. jǐng shàng yǒu lǐ, cáo shí shí zhě guò bàn yǐ, pú

匐往，將食之，三咽，然後耳有聞，目
fú wǎng, jiāng shí zhī, sān yàn, rán hòu ěr yǒu wén, mù

有見。』
yǒu jiàn.

孟子曰：『于齊國之士，吾必以仲
mèng zǐ yuē yú qí guó zhī shì wú bì yǐ zhòng

子爲巨擘焉。雖然，仲子惡能廉？充
zǐ wéi jù bò yān suī rán zhòng zǐ wū néng lián chōng

仲子之操，則蚓而後可者也。夫蚓，
zhòng zǐ zhī cāo zé yǐn ér hòu kě zhě yě fú yǐn

上食槁壤，下飲黄泉。仲子所居之
shàng shí gǎo rǎng xià yǐn huáng quán zhòng zǐ suǒ jū zhī

室，伯夷之所築與？抑亦盜跖之所
shì bó yí zhī suǒ zhù yú yì yì dào zhí zhī suǒ

築與？所食之粟，伯夷之所樹與？抑
zhù yǔ suǒ shí zhī sù bó yí zhī suǒ shù yú yì

亦盜跖之所樹與？是未可知也。』
yì dào zhí zhī suǒ shù yú shì wèi kě zhī yě

曰：『是何傷哉？彼身織屨，妻辟
yuē shì hé shāng zāi bǐ shēn zhī jù qī bì

纑，以易之也。』
lú yǐ yì zhī yě

曰：「仲子，齊之世家也，兄戴，蓋祿
yuē zhòng zǐ qí zhī shì jiā yě xiōng dài hé lù

萬鍾。以兄之祿爲不義之祿，而不食
wàn zhōng yǐ xiōng zhī lù wéi bù yì zhī lù ér bù shí

也；以兄之室爲不義之室，而不居
yě yǐ xiōng zhī shì wéi bù yì zhī shì ér bù jū

也；辟兄離母，處于於陵。他日歸，
yě bì xiōng lí mǔ chǔ yú wū líng tā rì guī

則有饋其兄生鵝者，己頻顣曰：「惡
zé yǒu kuì qí xiōng shēng é zhě jǐ pín cù yuē wū

用是鶃鶃者爲哉？」他日，其母殺是
yòng shì yì yì zhě wéi zāi tā rì qí mǔ shā shì

鵝也，與之食之。其兄自外至，曰：
é yě yǔ zhī shí zhī qí xiōng zì wài zhì yuē

「是鶃鶃之肉也。」出而哇之。以母則
shì yì yì zhī ròu yě chū ér wā zhī yǐ mǔ zé

不食，以妻則食之；以兄之室則弗
bù shí yǐ qī zé shí zhī yǐ xiōng zhī shì zé fú

居，以於陵則居之；是尚爲能充其類也乎？若仲子者，蚓而後充其操者也。』

jū, yǐ wū líng zé jū zhī; shì shàng wéi néng chōng qí lèi yě hū? ruò zhòng zǐ zhě, yǐn ér hòu chōng qí cāo zhě yě.